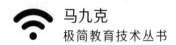

马九克
极简教育技术丛书

轻松高效做好班主任工作

马九克 /著

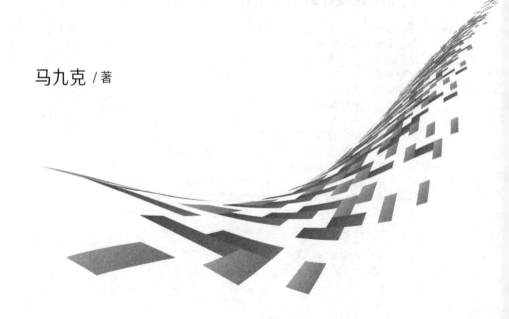

华东师范大学出版社
·上海·

图书在版编目(CIP)数据

轻松高效做好班主任工作/马九克著. —上海:华东师范大学出版社,2013.5
ISBN 978-7-5675-0686-2

Ⅰ.①轻… Ⅱ.①马… Ⅲ.①计算机应用-班主任工作 Ⅳ.①G451.6-39

中国版本图书馆 CIP 数据核字(2013)第 100487 号

轻松高效做好班主任工作

著　　者　马九克
责任编辑　刘　佳
特约编辑　张　樑
监制编辑　章　悬
责任校对　王丽平
装帧设计　高静芳等

出版发行　华东师范大学出版社
社　　址　上海市中山北路 3663 号　邮编 200062
网　　址　www.ecnupress.com.cn
电　　话　021-60821666　行政传真 021-62572105
客服电话　021-62865537　门市(邮购)电话 021-62869887
地　　址　上海市中山北路 3663 号华东师范大学校内先锋路口
网　　店　http://hdsdcbs.tmall.com

印刷者　常熟高专印刷有限公司
开　　本　787毫米×1092毫米　1/16
印　　张　19
字　　数　336千字
版　　次　2013年8月第1版
印　　次　2023年11月第10次
书　　号　ISBN 978-7-5675-0686-2/G·6458
定　　价　58.00元

出版人　王　焰

因技术更新,本书加印后不再提供光盘,原光盘内容请扫描封底二维码,下载后使用。
(如发现本版图书有印订质量问题,请寄回本社客服中心调换或电话 021-62865537 联系)

见证从"机盲"到专家的美丽嬗变

四年前,在中国教育技术协会召开的年会上,我认识了上海市七宝中学马九克老师,看了他的 PowerPoint 作品以及 Word 和 Excel 在教学中的实际应用的案例,让我大吃一惊。虽然我也自认为会做演示文稿,但与马老师比起来,只能甘拜下风了。更让我吃惊的是,年近五十的他竟然是个计算机新手,当 2003 年从河南调到上海市七宝中学任物理教师时,他还是一个"机盲"。受形势所迫,他自学成才,在物理教学中积极探索计算机辅助教学,从此一发不可收。2008 年开始出版计算机辅助教学方面的专著,至今已经出版了六本,俨然成为一方专家。

"工欲善其事,必先巧其思",这是我观察马老师的信息化教学行为后悟出的道理。大家熟知的 Offcie 软件再平凡不过了,但在他手里就变得出神入化。给我印象很深的是马老师用 PowerPoint 制作两个啮合转动的齿轮,齿轮上的那么多对称排放的"齿",他竟然是用一条很粗的虚线表现出来的。参照他的这种"极限变化思维"方法,可以让你在一分钟内画出任意复杂形状的试管,甚至比较复杂的电路图。只是仅仅利用"自定义动画"的功能,他就制作出了教学中几乎所有的动画课件。他在使用 PowerPoint 过程中,归纳出"极限变化思维"、"分层叠放思维"、"转动对称思维"、"对称显半思维"等等。凭着这些与众不同的思维方式,他能够结合教育教学的实际需要,把 Office 技术应用到极致。由于马老师具有这样的水平和能力,所以他的 Office 在教学中的应用系列研究专著中,提供的大量案例令人耳目一新。所有著作都受到了广大教师的普遍欢迎。

在一次与马老师的交谈过程中,探讨如何将信息技术应用深入到教育教学过程中的问题,我建议他围绕教师业务工作流程,写一本教师信息化工作法手册,以案例为驱动,使读者切实体会到信息化对于改进工作的作用。马老师深以为然。他根据自己三十多年教学工作的经验和二十多年的班主任工作实践,提炼出班主任工作的典型案例,通过案例展示如何应用 PowerPoint、Word 和 Excel 这些常用的办公软件,针对性地解决实际工作中遇到的大量问题,从班级管理中常用的文档的编辑,到学生成绩的统计分析,以及班级学生的量化管理,应有尽有。参照本书介绍的班主任工作案例和工作模板,相信你也可以借助信息技术的威力,让自己的工作事半功倍,享受成功的快乐。

祝智庭

(祝智庭:华东师大教育技术学教授、博导,网络教育学院院长暨教育信息化系统工程研究中心主任;教育部教育信息化技术标准委员会主任,国家信息技术标准化委员会教育技术分委员会主任,教育部高等学校教育技术学专业教学指导委员会副主任;联合国教科文组织ECNU联系中心副主任、首席专家。)

序言一

随着计算机的普及和信息技术环境的逐步优化,常用软件如 Word、Excel 和 PowerPoint,已经成为广大教师教学中不可缺少的工具。但我们了解到,这些软件的功能远远没有被开发、被利用。多数教师只会应用这些软件的一些基本功能,比如 PowerPoint 仅仅起到一个电子黑板的作用;只会用 Word 进行简单的打字,连基本的排版功能都没有掌握;Excel 功能非常强大,但是我们的绝大部分教师甚至连它的基本运算功能都没有掌握,更不用说把它运用到教学管理和课堂教学中去了;其他复杂的可用于教学的软件有很多,但是广大一线教师没有时间学习,更不用说熟练掌握了,这些都制约了信息技术在教育教学中的应用。

七宝中学物理特级教师马九克老师,近几年来对 Office 中的常用软件及多媒体技术进行潜心研究,他的研究成果得到了上海交大、华东师大、上海师大、中国教育技术协会及全国多位信息技术专家的高度肯定,普遍认为马老师的研究成果有以下三个特点:

易学性。该研究是基于我们广大教师目前已普遍应用的常用软件,进行深度应用,最大特点是简单易学,教师只要有使用这些软件的初步基础知识,就能很顺利地学习和应用。

实用性。可以充分发挥常用软件的功能,用于课堂教学,提高课堂教学效率,同时也能够提高教师工作的效率和广大教师的信息技术素养。

创新性。马老师对 Office 在教育教学中应用的系列研究到目前为止,国内还没有类似的研究成果,因此这一深度应用研究具有一定的创新性。

系列研究成果 PowerPoint、Excel、Word 在教学中的深度应用作为上海市十二五期间的教师教育共享课程的培训教材,正在全市开班培训。同时这些课程经过上海市信息技术专家的评选,上报教育部作为国培计划的课程资源。马九克老师的系列研究专著的出版,为广大教师的教育技术的学习提供了良好的教材。

《轻松高效做好班主任工作》一书,是在原来已经出版发行的系列研究丛书的基础上,结合班级管理工作的实际案例,应用 Office 中的常用办公软件,具体解决班级工作中的实际问题。书中大量的班级管理工作的案例和模板会让你的班级管理工作轻松高效。当然不能机械地学习,我们希望大家在学习的过程中能够像作者马老师一样,拥有创新意识,这样就能在学习和应用中提升创新能力和产生创新成果。

教育信息化促进教育现代化已经成为教育发展的大趋势。希望大家够认清这一教育发展大势,努力使信息技术成为提高教与学效能的工具与资源,成为促进师生成长的不可或缺的有效环境与资源,以持续提升教学效能。

张民生

(张民生:原上海市教委副主任,现任中国教育学会副会长,上海市教委特邀总督学,上海市教育学会会长。)

序言二

我认识马九克老师是参加在上海闵行区举行的首届全国 Moodle 信息化课程设计研讨会议上。他从 2003 年以来，一直结合自己的物理教学工作实际，琢磨和研究如何将 Microsoft Office 的几个常用教学软件为教学所用。他的教学科研获得了极大的成功。

马老师经过几年的研究，出版的系列研究专著《PowerPoint 2003 在教学中的深度应用》、《Word 2003 在教学中的深度应用》、《Excel 2003 在教学中的深度应用》和《常用信息化软件在教学中的深度应用》，作为中国教育技术协会向全国教师推荐的教师培训教材受到了培训教师的普遍欢迎。在《PowerPoint 2003 在教学中的深度应用》一书中，能够从 PPT 的自定义动画功能入手，深究其奥秘，从而开发出无限奇妙的功能，将我们习以为常的 PPT 做得五彩缤纷，这是我以前不曾想到的。《Word 2003 在教学中的深度应用》一书，又一次让平时使用 Word 习以为常的人们再次感受到惊讶和意外，人们不会想到，Word 还有那么多的技巧和功能，帮助你提高工作效率，创造出自己也想不到的新奇。《Excel 2003 在教学中的深度应用》这本书，介绍了大量教学中常用到的教学案例，几乎涵盖了教育教学过程中的所有电子文档的编辑和使用方法，既有一般学生成绩统计的常用函数的使用，又有各种实用的表格和图表的应用。在《常用信息化软件在教学中的深度应用》这本书中，介绍了大家工作中的实用技巧，可以方便地下载网络上的所有视频，复制所有网页上的文字，众多使用技巧和方法让你的工作事半功倍。

马老师没有满足已经取得的成就，经过一年的辛勤努力，又为我们大家奉献了一本集 30 多年工作实践经验的经典之作——《轻松高效做好班主任工作》，书中根据作者 20 多年的班主任工作经验，搜集整理了数十个班级管理工作中的经典案例，通过对 Word、Excel、PowerPoint 等办公软件的深入研究，找到了解决问题的方便、快捷的途径。

这本书不同于前面的系列丛书，它是在原来老师们已经系统掌握 Office 软件应用的基础上，从教育教学中的实际问题出发，以案例来驱动学习，书中没有繁杂的计算机理论和一般的计算机知识的应用，而是直接从班主任工作中的日常问题入手，只要你慢慢深入学习，你会发现大量的案例和模板，让你既学习和掌握了计算机的知识，又能够直接解决工作中的问题。只要认真钻研进去，你会不知不觉地就成为了计算机应用的高手。书中虽然使用了Office 2010版本，但是作者在后面一章中，简单而又详细地介绍了如何快速的从Office 2003过渡到Office 2010的方法，同时，本书也适合使用Office 2013版的老师，它系统地介绍了新版中增添的一些新功能。助你快速地由Office 2003进入到Office 2010和Office 2013。

马老师通过自己多年的钻研研究，结合自己的教学实际研究整理出来的这些教育教学工作中实用方便的工具书，一定会给读者带来益处。目前社会上计算机图书繁多，但是结合教学实际进行研究的、教师实用的计算机书籍还不多见。相信读者不仅会在教学和工作中更好地使用本书，并且受马老师钻研精神的启迪，大家也会进一步拓宽信息技术在教学中的应用。

这世上，其实，很多东西你都不知道，只有深入进去，你才有机会发现美；深入是一种体验，体验则是一种过程，过程才是一种人生享受……相信广大读者在马九克老师研究的基础上，会进一步发展Office的技巧和创意，从而使我们的课堂教学更加多姿多彩、焕发勃勃生机。让我们用辛勤努力去谱写教育教学工作中更加美丽的华章吧！

黎加厚

于上海师范大学科技园

（黎加厚：教育部全国教师教育信息化专家委员会委员，中国教育技术协会学术委员会副主任，英特尔®未来教育中国项目专家组专家，教育部-微软携手助学项目特邀专家。）

前　言

教师是教育改革的直接参与者与执行者，学生的发展、学校的发展都离不开教师的发展，离开了素质精良的师资群体，任何教育改革都将成为空谈。就学校而言，可以通过营造教师文化、拓展培训途径、经费支持、名师带徒、评比激励等措施，促进教师在人文科学素养、课堂教学技艺、反思研究能力、信息技术整合能力等方面快速提高，促进教师向以教学为专长的特色型教师、以情感为本的人格型教师、以探究见长的研究型教师等多种目标取向发展，全面提高教师的专业水平。

教学是专业性很强的工作，需要教师发挥智慧和创造力，需要情感和身心的投入。教师通过课堂教学的创新不断发展和完善自我，提高自己的专业水平，实现自身的职业理想。经过坚持数年的新一轮教改背景下的校本师资培训，我校教师队伍的整体素质大为改观。今天，七宝中学已拥有一支非常精良稳定的师资队伍。

我校物理特级教师马九克，是一位事业心极强的、以探究见长的研究型教师，他是我校高端教师专业自主发展的典范。在多年的教育教学实践中，他结合教学实际，对 Office 的几个办公软件的应用进行了深入的研究和实践，使得 PowerPoint、Word、Excel 等常用信息化软件在教育教学中的应用有了新的突破，他的研究成果得到了上海市以及国内多位信息技术专家的高度评价。研究著作《PowerPoint 2003 在教学中的深度应用》、《Word 2003 在教学中的深度应用》、《Excel 2003 在教学中的深度应用》、《常用信息化软件在教学中的深度应用》系列图书作为中国教育技术协会向全国教师推荐的信息技术培训教材，受到一线教师的一致好评。系列图书作为上海市十二五期间的教师教育共享课程的培训教材，正在全市开班培训。同时这些课程经过上海市信息技术专家的评选，上报教育部作为国培计划的课程资源。

班级管理是学校工作的重要一环，在班级管理工作中，常常会遇到很多具体的问题，《轻松高效做好班主任工作》一书是作者根据三十多年的教育教学工作实践经验，总结出了数十个班主任工作的案例，用计算机信息技术解决班主任工作中的实际问题。充分开发和利用 Word 中的功能和技巧，解决班主任工作中的各种文档的编辑问题，方便快捷地编辑班主任工作中使用的文档，利用 Excel 中的功能和技巧，可以进行学生各种成绩的分析统计，可以查询学生每次考试的情况，便于班主任有针对性的对学生进行教育。利用 Excel 和 Word 两个软件的巧妙结合，既可以创新出神奇的方法和技巧，又可以一键打印出全体学生的家长通知书和每个学生的成绩单，还可以一键发送全体学生的家长通知书到各家长的邮箱中，总之，繁杂的班主任文档编辑工作常常可以让你一键完成。由于作者从事了二十多年的班主任工作，所以书中大量的案例都来源于班级管理工作的实际。想你的工作所想，做你的工作所做，你在班级管理工作中遇到的问题，这里应有尽有，你想到的会有，你没有想到的也会有，不仅介绍了信息技术应用于班级管理的案例文档，同时还介绍了作者曾经使用并获得成功的、科研课题获得闵行区课题一等奖的班级管理案例——"解放班主任，学生自主管理"，即学生自己管理自己的实施方案。书中的案例涉及了班级管理工作中的方方面面，甚至开学生家长会使用的 PowerPoint 模板也为你准备好了，你只需要填入相应内容即可。这些管理案例的使用可以极大的方便你做好班主任工作。

本书使用 Office 2010 版本进行编写，但是由于很多教师目前仍然在使用 Office 2003 版本，为了让读者能够很快地从 Office 2003 过渡到 Office 2010 版本，书中专门对 Office 2010 新版作了介绍，简单介绍了 Office 2010 版本中的 PowerPoint、Word、Excel 中增添的新功能，方便读者使用。本书也同样适合于 office 2013 版本的使用，另外本书介绍的方法在 Office 2003 版本中照样适用，读者应该创新学习，勤于思考，不要拘泥于版本限制你的使用。

本书适合于有一定计算机基础的用户使用，一般应该在学习了作者以前编写的系列应用丛书的基础上学习。本书语言流畅，图文并茂，易学易懂，实用性强。本书不仅适合班主任阅读，作为班主任的工作参考书；同样适合广大教育工作者在工作中学习使用；也可以作为教师信息化技术应用方面的培训教材。同时，还适用于广大行政办公人员、工矿企业管理者、电脑爱好者学习和参考使用。

在作者多年的研究过程中，华东师范大学网络教育学院院长、全国著名教师教育技术应用研究专家祝智庭教授，华东师范大学物理系博士生导师、全国高等物理教育研究会理事长胡炳元教授，教育部全国教师教育信息化专家委员会委员、中国教育技术协会学术委员会副主任、上海师范大学教育技术系黎加厚教授等，多次给予了指导和帮助，对本书的编写也提出了很多指导性意见。上海市闵行区教师进修学院、闵行区教育科学研究所在作者研究的过程中也给予了很大的帮助和支持。我们对以上专家和领导在本书编辑和出版过程中的帮助、关心和支持，在此表示深深的感谢。

仇忠海

2013 年 2 月 18 日于上海市七宝中学

（仇忠海：上海市七宝中学校长兼党委书记，上海市特级校长，中学特级教师，华东师范大学教师教育特聘教授，教育部校长培训中心兼职教授，国务院特殊津贴获得者，"上海市教育功臣"。）

目录

第1章 班级管理工作常用文档　　1

- 1.01 认识姓名中的生僻字　　1
- 1.02 制作学生基本情况登记表　　3
- 1.03 设置学生座位表　　9
- 1.04 批量制作学生家长通知书　　14
- 1.05 给家长"一键"发送学生家长通知书　　24
- 1.06 批量制作学生鉴定文档　　33
- 1.07 批量制作学生成绩单　　38
- 1.08 批量制作学生考试通知单　　46
- 1.09 批量制作多次单元测验成绩通知单　　54
- 1.10 批量套打证书　　59

第2章 班级教育教学管理应用实例　　70

- 2.01 学生基本情况登记表　　70
- 2.02 学生各科成绩统计表　　77
- 2.03 自动更新的学生成绩通知单　　89
- 2.04 班主任学生成绩分析统计表　　102
- 2.05 学生历次考试成绩查询表　　111

2.06	学生成绩变化分析图表	118
2.07	学生成绩名次变化分析图表	135
2.08	学生成绩分类查询图表	146
2.09	学生家长通知书使用文档	159
2.10	班级学生管理系统	172

第3章 家长会使用文档的制作 187

3.01	家长会PPT文档	187
3.02	PPT文档中插入声音文件	209
3.03	PPT文档中插入视频文件	217
3.04	PPT文档中插入图片	218

第4章 解放班主任——学生自己管理自己 229

4.01	制作量化考核登记表	229
4.02	班级实施量化管理	236
4.03	《班务通讯》的编辑制作	240

第5章 从Office 2003快速转移到Office 2010 257

5.01	PowerPoint 2010的特点及新功能简介	257
5.02	Word 2010的特点及新功能简介	271
5.03	Excel 2010的特点及新功能简介	280
5.04	安装字体文件	289

后记　　　　　　　　　　　　　　　　　　　291

第1章 班级管理工作常用文档

1.01 认识姓名中的生僻字

学生姓名中常有一些生僻字。不少生僻字在一般的输入法字库中没有,但可以利用插入符号的方法输入。再利用"拼音指南"进行辨认。操作方法如下:

(1) 查找生僻字

1) 先在 Word 中输入一个与生僻字偏旁相同、笔画相近的字。如要插入字"翀",可以先输入类同的"羽"字,然后选中该字,在"插入"选项卡上的"符号"组中单击"符号"按钮,然后点击"其他符号"。如图 1-1 所示。

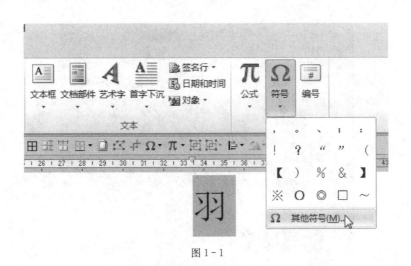

图 1-1

2) 在"符号"对话框内"羽"字的附近找到"翀"字,再选中"翀"字,点击"插入"即可。如图 1-2 所示。点击"插入"后,原来选中的"羽"字就变为"翀"字了。

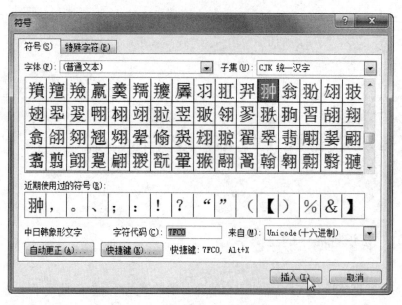

图1-2

（2）利用拼音指南认识生僻字

查找出的生僻字可以利用"拼音指南"给生僻字注音。方法如下：

1）选中不认识的生字。点击"开始"选项卡的"字体"组中的拼音按钮" "。如图1-3所示。

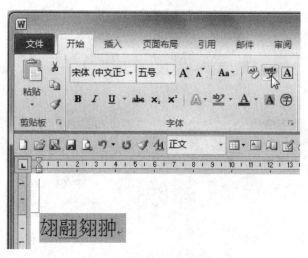

图1-3

2）点击后得到"拼音指南"对话框，在其中便可以看到选中文字的读音了。如图1-4所示。点击"组合"，可以把几个字的拼音组合在一起，可以复制出来使用。

图 1-4

附：百家姓中容易读错的姓氏

对着新接班的学生名单，不少老师常常会发现有的学生的姓氏不是常见字。有的字虽然认识，可是读起来却未必正确。下面列举一些容易读错的姓氏。

一、单姓：

柏（bǎi）；鲍（bào）；贲（bēn）；卜（bǔ）；查（zhā）；晁（cháo）；仇（qiú）；褚（chǔ）；单（shàn）；刁（diāo）；都（dū）；钭（tǒu）；樊（fán）；蕃（pí）；繁（pó）；酆（fēng）；盖（gài 或 gě）；干（gān）；郜（gào）；黑（hè）；扈（hù）；郇（xún 或 huán）；嵇（jī）；汲（jí）；纪（jǐ）；郏（jiá）；解（xiè）；靳（jìn）；句（gōu）；瞿（qú）；阚（kàn）；蒯（kuǎi）；夔（kuí）；乐（yuè）；蔺（lìn）；逯（lù）；栾（luán）；蔓（màn）；宓（mì）；乜（niè）；那（nā）；能（nài）；倪（ní）；宁（nìng）；逄（páng）；朴（piáo）；威（qī）；区（ōu）；曲（qū）；璩（qú）；汝（rǔ）；阮（ruǎn）；芮（ruì）；厍（shè）；殳（shū）；俟（qí）；宿（sù）；覃（qín 或 tán）；韦（wéi）；隗（kuí 或 wěi）；邬（wū）；郤（xì）；莘（shēn）；胥（xū）；燕（yān）；应（yīng）；于（yú）；庚（yǔ）；鬱（yù）；员（yùn）；昝（zǎn）；甄（zhēn）；訾（zǐ）。

二、复姓：

段（duàn）干（gān）；缑（gōu）亢（kàng）；穀（gǔ）梁（liáng）；赫（hè）连（lián）；夹（jiá）谷（gǔ）；乐（yuè）正（zhèng）；令（líng）狐（hú）；闾（lú）丘（qiū）；墨（mò）哈（hǎ）；亓（qí）官（guān）；谯（qiáo）笪（dá）；汝（rǔ）鄢（yān）；商（shāng）牟（móu）；余（shé）佴（nài）；涂（tú）钦（qīn）；拓（tuò）跋（bá）；尉（yù）迟（chí）；鲜（xiān）于（yú）；闫（yán）法（fǎ）；阳（yáng）佟（tóng）；宰（zǎi）父（fǔ）；仉（zhǎng）督（dū）；颛（zhuān）孙（sūn）；子（zǐ）车（jū）。

 1.02 制作学生基本情况登记表

新生入学，常常需要填写学生基本情况登记表，制作如图 1-5 所示的表格。制作方法如下：

上海市新镇路中学高一(2)班学生基本情况登记表

姓名		出生年月		政治面貌				
性别		民族		籍贯				
健康状况			初中学校			照片		
家庭住址				邮编				
身份证号				户口所在地				
家庭电话				个人电话				
父亲	姓名			手机				
	工作单位及职务							
母亲	姓名			手机				
	工作单位及职务							
入学成绩	语文	数学	英语	物理	化学	政治	地理	体育	综合	总分
初中担任职务									
兴趣爱好特长									
在校表现记录									
备注									

图 1-5

(1) 绘制表格

1) 绘制表格。在 Word 中打开一个新的文档,点击"插入"选项卡的"表格"组中的"表格"按钮,选中"插入表格"选项。在弹出的"插入表格"对话框中,列数输入"2",行数输入"16"。插入需要的表格。

2) 设置行高。选中第 1 到 12 行,在"表格工具"栏的"布局"选项卡中的"表"组中,点击"属性"按钮。在"表格属性"对话框的"行"选项卡中,设置行高为"0.85 厘米",再设置 13 到 15 行的行高为"3.5 厘米",16 行的行高为"2 厘米"。如图 1-6 所示。

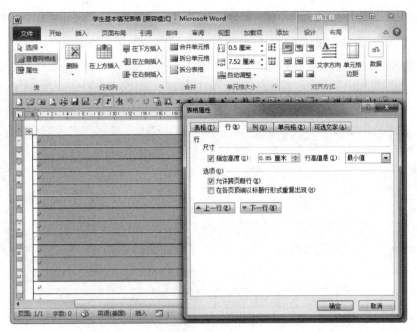

图1-6

3）绘制表格线。在图1-6所示状态下，在"表格工具"栏中的"设计"选项卡的"绘制边框"组中，点击"绘制表格"按钮，这时光标变成铅笔状，可用鼠标画出若干线条。如图1-7所示。

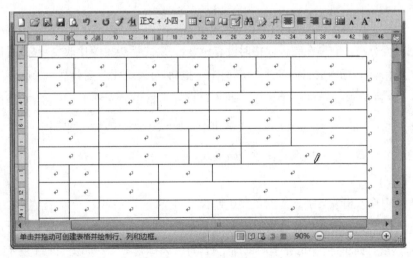

图1-7

4）合并单元格。选中需要合并的单元格，在"表格工具"栏的"布局"选项卡的"合并"组中，点击"合并单元格"按钮，将若干单元格进行合并。

5）移动线条。若要改变列宽，可用鼠标选中某一线条，拉到适当位置放手即可。鼠标拖动时,按下"Alt"键,可以微调移动的位置。若要改变某一单元格的宽度,可用鼠标选中该单元格和右边相邻的单元格,用鼠标移动两个单元格间的线段,即可改变单元格的宽度。

6) 平均分布列宽。若要将某些列的列宽均分,要先选中这些列,在"表格工具"栏的"布局"选项卡的"单元格大小"组中,点击"分布列"按钮,即可将选中的列的列宽均分。如图1-8所示。

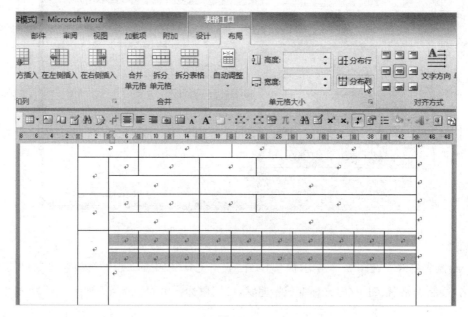

图1-8

7) 等比改变行高。如果在制作表格时没有设置行高,之后想要等比改变行高,可以把鼠标放在表格的右下角,当光标变成斜向箭头" "时上下拖动,可以等比改变行高。如图1-9所示。

8) 点击"对齐方式"组中的居中按钮" ",可以让表格中的文字上、下、左、右居中排列。也可以在"开始"选项卡的"段落"组中,点击水平居中按钮" ",让文字水平居中。

9) 单独改变行高。用鼠标拖动任意表格横线,可以改变某一行的高度。

(2) 输入表格文字

1) 在表格中输入相关文字。如图1-10所示。

2) 添加表头文字。若在制作表格时没有在上面留下空行,可以将光标置于左上角的单元格文字的前面,然后打回车键,即可在上面添加空行,再输入标题文字。如图1-11所示。

图 1-9

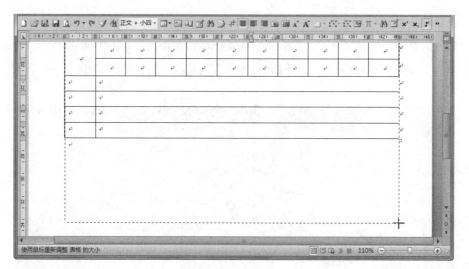

图 1-10

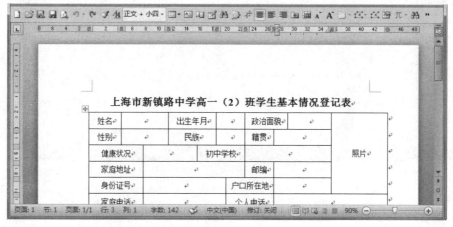

图 1-11

3）设置竖排文字。

① 选中需要设置的单元格，在"页面布局"选项卡的"页面设置"组中，点击"文字方向"按钮，再点击"垂直"选项。也可以通过点击下面的"文字方向选项"进行设置。如图1-12所示。

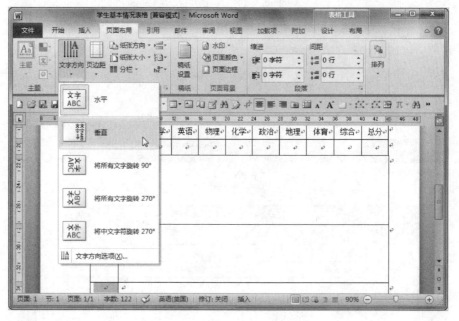

图1-12

② 输入文字。如图1-13所示。适当调整表格的行高，最终可得到如图1-5所示的表格。

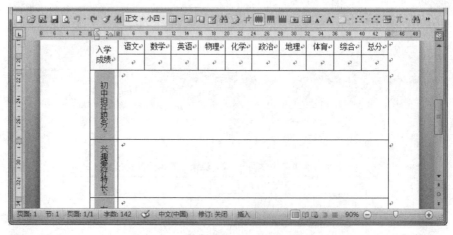

图1-13

1.03 设置学生座位表

如果利用文本框来制作学生座位表时,则很难保证所有的文本框都排列整齐,下面介绍如何利用设置单元格间距来制作如图 1-14 所示的学生座位表。

图 1-14

(1) 制作表格

1) 新建文档。在 Word 中新建 A4 文档,在"页面布局"选项卡的"页面设置"组中,点击右下角的对话框启动器。在得到的"页面设置"对话框的"页边距"选项卡中,将"纸张方向"选为"横向"。

2) 根据学生人数,绘制一张表格,将学生名字输入其中,并设置文字的格式。如图 1-15 所示。

(2) 设置表格格式

1) 在"表格工具"栏的"布局"选项卡的"表"组中,点击"属性"按钮,在"表格属性"对话框的"表格"选项卡中,点击右下角的"选项"按钮,在"表格选项"对话框中,选中"允许调整单元格间距",输入数据,如"0.6 厘米",点击"确定"。如图 1-16 所示。

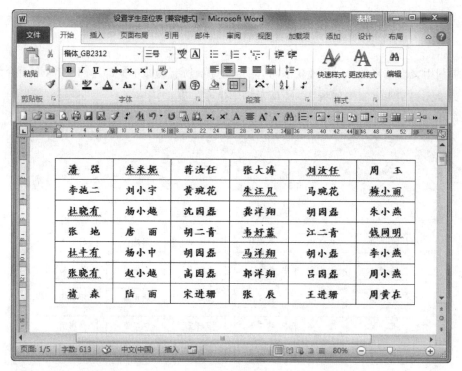

图1-15

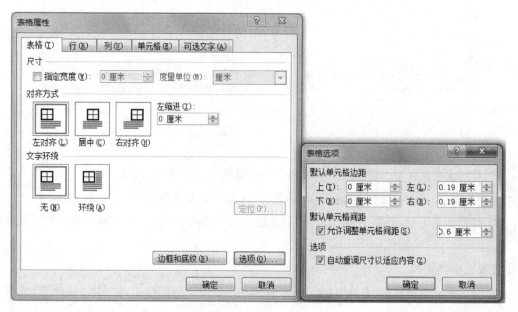

图1-16

2) 点击图1-16左图下方的"边框和底纹"按钮,在"边框和底纹"对话框的"边框"选项卡中的"预览"栏内点击上、下、左、右四个线条按钮,去掉周围的线条,点击"确定"。如图1-17所示。

图1-17

3) 调整字体居中。选中所有单元格,在"表格工具"栏的"布局"选项卡的"对齐方式"组中,点击"水平居中"按钮,使所有文字处于单元格正中位置,随后插入表头文本框。最后得到的表格如图1-14所示。

4) 由于学生座位经常变换,一般是每周整体平移,所以要准备两张座位表。再复制出一张完整座位表,以备两张交替着使用。如图1-18所示。

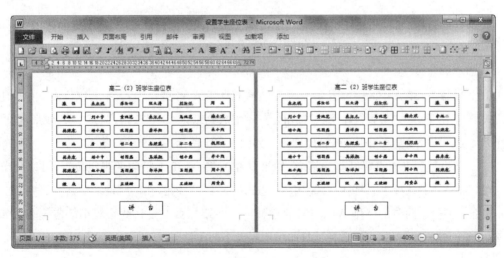

图1-18

(3) 座位表模板的使用

光盘中的座位表模板可以直接使用,可以把原有的学生姓名按照已经排好的座位复制过来(当然也可以在座位表中排列学生的座位)。

1) 复制学生姓名。可以把学生名字一个个复制过来。复制时,要在"粘贴选项"中选择"只保留文本"选项。如图 1-19 所示。

图 1-19

2) 文档的打印。打印前要进行设置。点击左上角的"文件",在"打印"选项卡中选中"打印当前页",在 A4 纸上打印一张完整的座位表。如图 1-20 所示。

3) 缩小座位表

① 如果嫌 A4 纸大小的座位表太大,可以直接打印 A5(A4 的一半)大小的座位表。在打印预览模式下,点击下方的"每版打印 1 页"按钮,点击"缩放到纸张大小"按钮,选择"A5"纸张,也可以选择 B5(或 32K)等,放入相应纸张打印即可。如图 1-21 所示。

② 分节设置。上面设置纸张为横向,如果要在一张 A4 纸上打印两张座位表,可以分节设置。在"页面布局"选项卡的"页面设置"组中,点击"分隔符"按钮,在"分节符"中选择下一页。在下一页插入一份不同节的竖排 A4 文档,这样就可以在第二页上设计两张较小的座位表。如图 1-22 所示。这样设置后,可以方便地打印出不同大小的座位表。

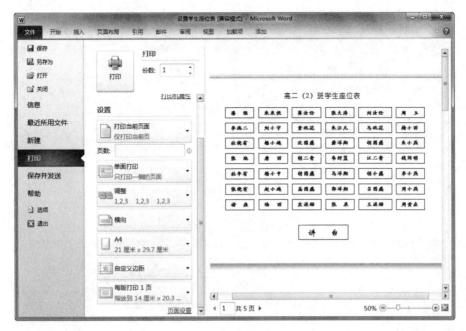

图 1-20

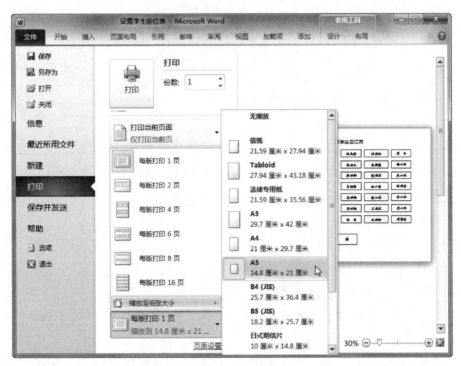

图 1-21

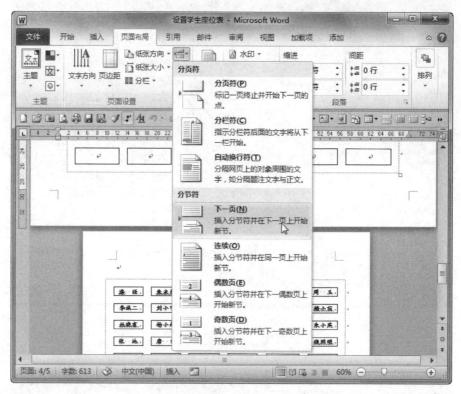

图 1-22

 1.04　批量制作学生家长通知书

班主任常常要打印学生家长通知书,而通知书的内容既有相同的公共部分,又有各人不同的学生成绩、学生表现及评语等内容。下面介绍如何利用邮件合并功能,设置如图 1-23 所示的一页文档,打印出不同学生的家长通知书。

(1) 制作 Excel 工作表

制作 Excel 工作表的详细过程和方法参见"2.09 学生家长通知书使用文档"一节。下面以制作好的工作表为例,说明如何利用 Word 中的邮件合并功能,把 Excel 工作表中的数据与 Word 文档相链接。在 Excel 工作表中,有如下项目:

1) 学生考试基本信息。如学生姓名、各学科成绩、上次考试情况及学科名次等。如图 1-24 所示。

2) 根据名次将成绩优秀和成绩较差的学生进行区分,并根据本次考试与上次考试的成绩,在 AL 列中自动生成关于学生进步或者退步的评语。如图 1-25 所示。

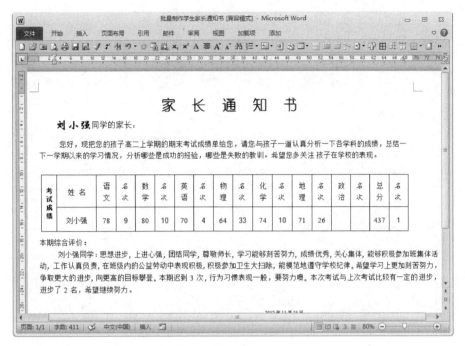

图 1-23

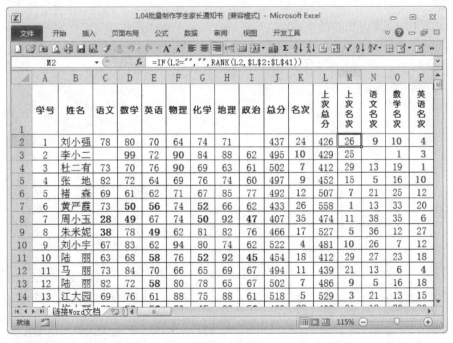

图 1-24

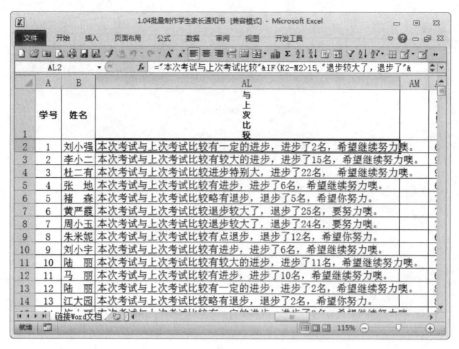

图1-25

3）根据学生的行为习惯自动生成行为习惯评语，并在项目1、项目2等项目中根据学生的不同情况写下评语。如图1-26所示。

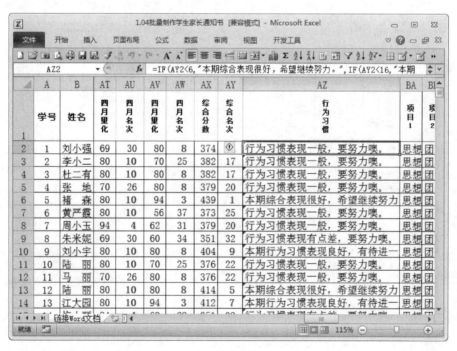

图1-26

4) 根据学生的其他表现,如违纪、迟到、不交作业等,对其不良行为进行汇总,家长信箱可以单独成列。最后把前面所有各项"汇总"在 BX 列中。如图 1-27 所示。

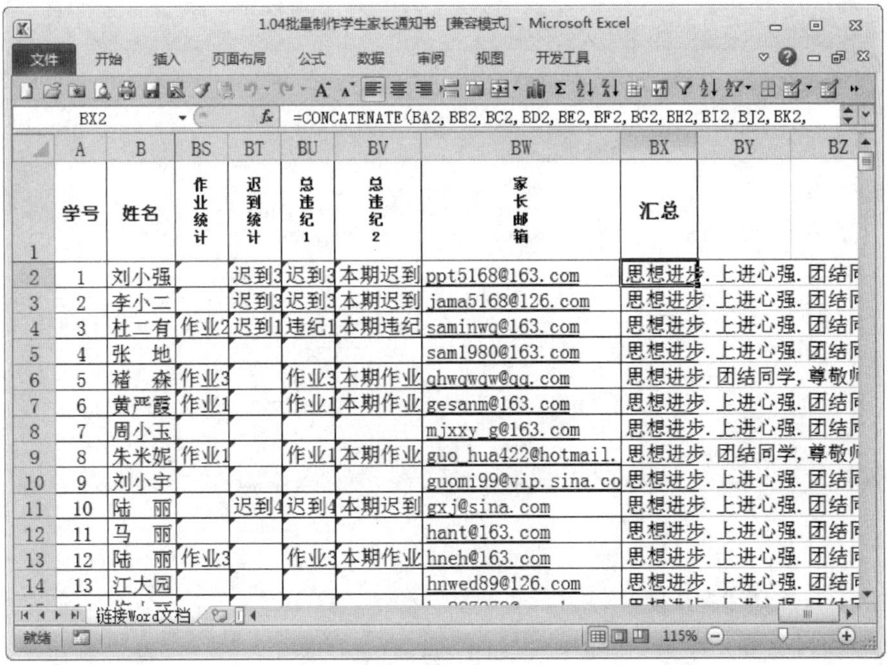

图 1-27

(2) Word 与 Excel 建立链接

1) 调出"邮件"选项卡。在"邮件"选项卡的"开始邮件合并"组中,点击"开始邮件合并"按钮,采用默认的"普通 Word 文档"即可。如图 1-28 所示。

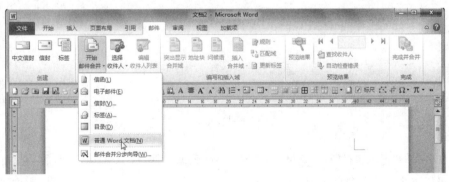

图 1-28

2) 设置页面格式。设置文档为 A4 纸的横排版。输入公共内容部分,设置相应的文字格式,并保存文档为"兼容模式"。如图 1-29 所示。

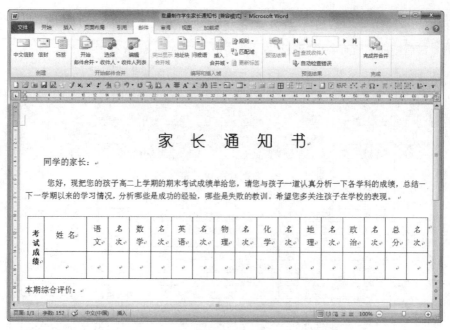

图 1-29

3）与 Excel 文档建立链接。

① 在"邮件"选项卡的"开始邮件合并"组中,点击"选择收件人"按钮,选择"使用现有列表",如图 1-30 所示。

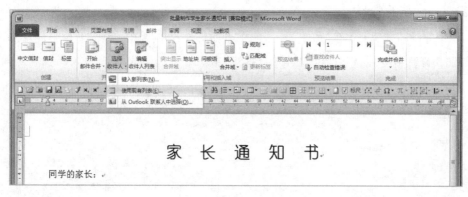

图 1-30

② 在出现的"选取数据源"对话框中,找到 Excel 数据文件,点击"打开"按钮即可。如果文件较多时,可以点击右下角"所有数据源"按钮右边的小三角下拉框,选择 Excel 文件,这样可以方便地找到 Excel 文件。如图 1-31 所示。

③ 在工作簿中找到存放数据文件的工作表(常常会有很多工作表),点击"确定"。如图 1-32 所示。

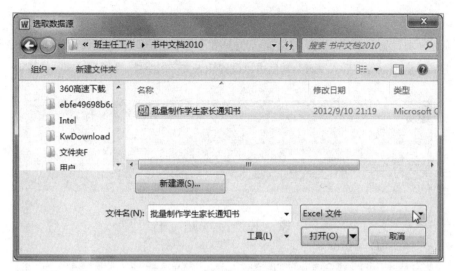

图1-31

图1-32

4) 编辑收件人。在"邮件"选项卡的"开始邮件合并"组中,点击"编辑收件人列表"按钮,可以看到Word和Excel已经建立了链接关系,并显示出Excel工作表中的相应信息。可以对某些"收件人"选中或不选中,操作方法类同Excel文档。如图1-33所示。

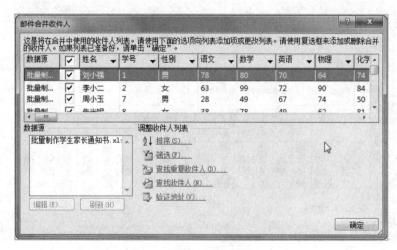

图1-33

(3) 插入"域"

1）光标分别置于需要插入"域"的位置，如光标置于"同学的家长"的前面，点击"插入合并域"按钮，选中"姓名"选项，点击"插入"按钮，随后可以设置插入文字的字体、字号等格式。如图1-34所示。

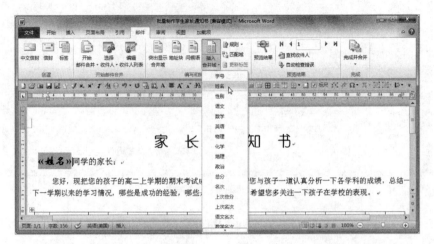

图1-34

2）再分别把光标置于表格中"姓名"、"语文"、"名次"、"数学"、"名次"、"英语"、"名次"……"总分"、"名次"等文字下方的单元格内，分别插入各项的"域"，并同时在"本期综合评价"下面的"同学："前后分别插入"姓名"和"汇总"。点击"突出显示合并域"按钮，可以看到插入的"域"所在的位置。如图1-35所示。

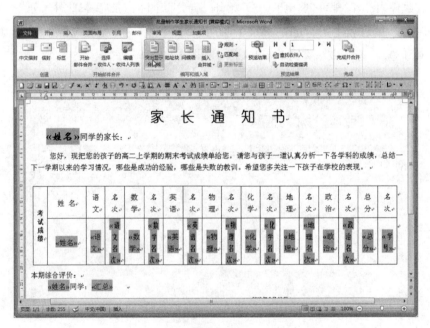

图1-35

3）点击"预览结果"按钮，可以看到显示的 Excel 文档中的数据。点击"预览结果"按钮右边的"◀◀ ▶▶"或"▶ ◀"，可以查看其他学生的数据。再次点击"突出显示合并域"按钮，可以显示或者不显示域底纹。如图 1-36 所示。

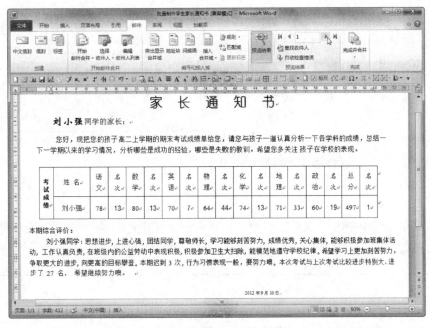

图 1-36

(4) 文档的打印

1）在"完成"组中，点击"完成并合并"按钮，选择"打印文档"。如图 1-37 所示。在"合并到打印机"对话框中进行选择后即可进行打印。既可以打印全部内容，也可以打印某一部分内容。如图 1-38 所示。

2）若在图 1-37 中点击"编辑单个文档"选项，则可以预览打印的结果，并可以对单个文档进行编辑。

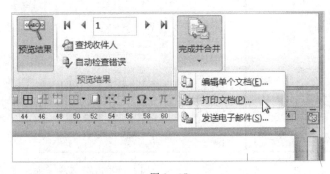
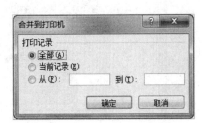

图 1-37　　　　　　　　　　　　　　　　图 1-38

(5) 文档打开

1) 在使用过程中,Excel 和 Word 两个文档一般不要同时打开,更改了 Excel 的数据后关闭文档,再打开 Word 文档时数据就自动更新了。

2) 在打开 Word 文档时,常常会出现如图 1-39 所示的命令框。在被询问"数据库中的数据将被放置到文档中。是否继续?"时,要选择"是",然后找到数据源,打开即可。有些时候可能需要进行两次(在 Word 2003 中)这样的操作。如果点击"否",则会断开与 Excel 文档的链接。

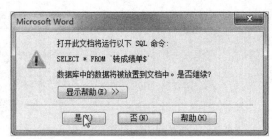

图 1-39

3) 当 Excel 文档移动位置或者更名时,点击图 1-39 中的"是",将出现如图 1-40 所示的显示框,点击"确定"按钮。

图 1-40

4) 在出现的"数据链接属性"对话框中,点击"取消"按钮。如图 1-41 所示。

5) 当出现如图 1-42 所示的显示框时,点击"确定"按钮即可。

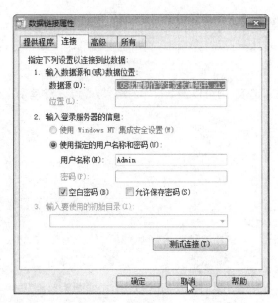

图 1-41

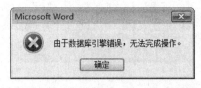

图 1-42

6）当出现如图 1-43 所示的显示框时，点击"选项"按钮即可。

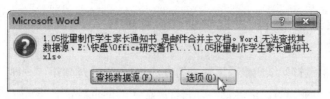

图 1-43

7）当出现如图 1-44 所示的显示框时，点击"删除数据/域名源"按钮即可。

图 1-44

8）这时原来的邮件合并文档中的相应按钮已经不可操作了，即已经断开了与源文档的联系。这时可以重新点击"选择收件人"按钮，查找数据源文件。如图 1-45 所示。或在图 1-43 中点击"查找数据源"按钮，重新查找数据源文件。

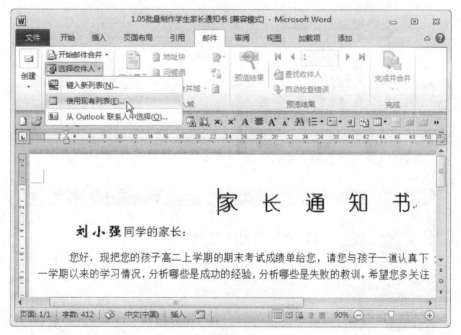

图 1-45

提示：在使用邮件合并这个功能时，Excel 文件名和文件存放位置都不要随意改动，否则链接关系容易出错。

 1.05 给家长"一键"发送学生家长通知书

上面介绍的是批量打印纸质家长通知书的方法，也可以通过邮箱，"一键"发送全体学生的通知书，这样每个家长都能在自己的邮箱中收到自己孩子的家长通知书。下面介绍操作的方法。

首先要在自己电脑上设置邮箱功能。下面分别以 Microsoft Outlook 2003 和 2010 两个版本为例，说明电子邮箱的设置方法。设置了邮箱帐户后，即可用这个软件进行邮件的收发，同时可以实现一键批量发送电子邮件的功能。

(1) 设置邮箱帐户

1) 利用设置向导设置邮箱帐户。

① 在 Microsoft OutLook 2003 中选择"工具"→"电子邮件帐户"。如图 1-46 所示。

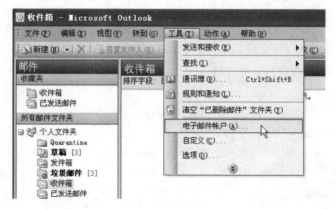

图 1-46

② 选择"添加新电子邮件帐户"，然后点击"下一步"。如图 1-47 所示。

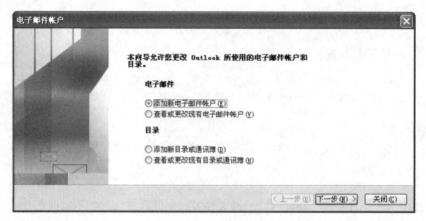

图 1-47

③ 选择服务器类型为"POP3",然后点击"下一步"。如图 1-48 所示。

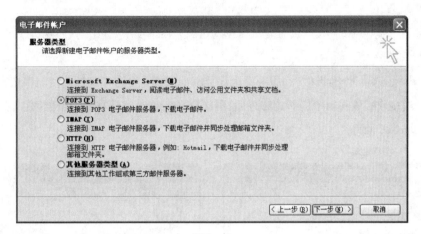

图 1-48

2) 填写信息。

① 用户信息和登录信息。在用户信息中的"您的姓名"栏中输入自己的名字(如 majk),"电子邮件地址"中输入需要用该软件接收的电子邮箱地址(如 PPT5168@163.com),登录信息中的"用户名"会自动显示为@前面的用户名(如 PPT5168),然后输入电子邮箱登录密码。

② 服务器信息。在本例中,接收邮件服务器填写"pop.163.com";发送邮件服务器填写"smtp.163.com"。如图 1-49 所示。

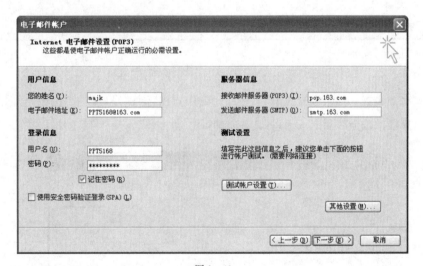

图 1-49

POP3 是指接收邮件的服务器。有的邮件服务器是 POP3,有的是 POP。不同邮箱的 POP 服务器地址也是不同的。可以参阅下面的网址进行设置:http://help.163.com/10/1020/09/

3）其他设置

① 点击图 1-49 中的"其他设置"按钮，在发送服务器选项中，选中"我的发送服务器(SMTP)要求验证"。如图 1-50 所示。

② 在"高级"选项卡中，选中"在服务器上保留邮件的副本"，这样邮件仍然能保留在邮箱服务器中，否则，当接收了该邮箱中的所有邮件后，再次打开邮箱时邮件将被全部删除。然后点击"确定"。如图 1-51 所示。

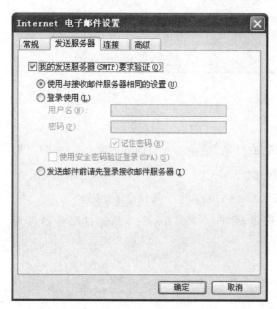

图 1-50

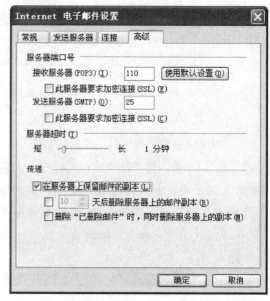

图 1-51

4）测试帐户设置。如果设置正确，在图 1-49 中点击"测试帐户设置"按钮，会出现如图 1-52 所示的信息框。若全部测试正确，将其关闭即可。

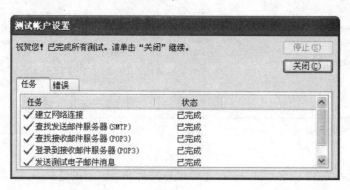

图 1-52

5）设置成功。电子邮件帐户设置成功,点击"完成"即可。

6）修改设置。在图 1-47 中点击"查看或更改现有电子邮件帐户",在出现的"电子邮件帐户"对话框中,可以选择"更改"、"添加"或"删除"等操作。如图 1-53 所示。

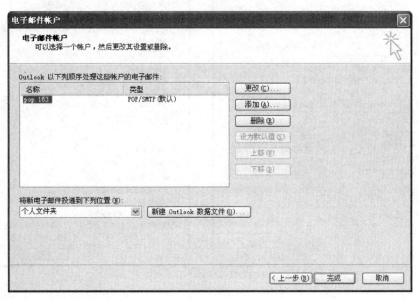

图 1-53

7）设置邮件到达声音提醒。邮件到达时可以让电脑播放声音提醒,设置方法如下：

① 在 Microsoft Outlook 2003 中点击"工具"→"选项",在"首选参数"选项卡中点击"电子邮件选项"。如图 1-54 所示。

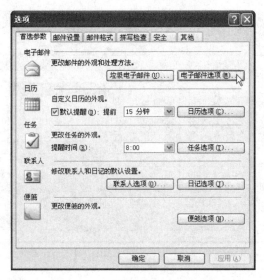

图 1-54

② 在"电子邮件选项"对话框中,点击"高级电子邮件选项"。如图1-55所示。

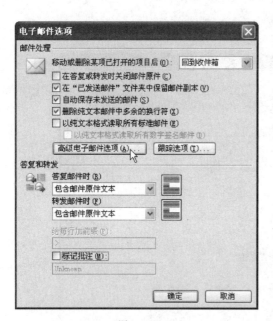
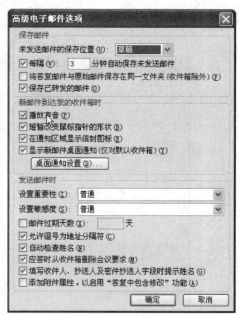

图1-55　　　　　　　　　　　　　图1-56

③ 在"高级电子邮件选项"对话框中,在"新邮件到达我的收件箱时"栏内选中"播放声音"。如图1-56所示。

(2) Excel文档的设置

在Excel文档中"家长邮箱"的列中输入家长的电子邮箱地址。如图1-57所示。

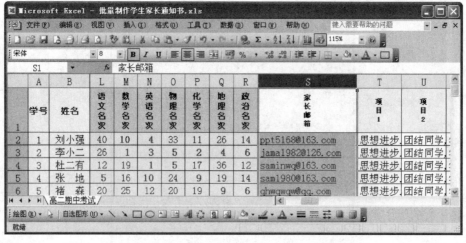

图1-57

(3) 邮件的发送

1) 在 Office 2003 版本中制作成的类似如图 1-36 的文档中,在"邮件合并"工具栏的右边,点击"合并到电子邮件"按钮" ",在出现的如图 1-58 所示的"合并到电子邮件"对话框中,选择"家长邮箱",点击"确定",即将全部或者部分学生的通知书发到了家长的邮箱中了。在如图 1-36 所示的 Office 2010 版本中,应点击"完成并合并"按钮,选择"发送电子邮件"。

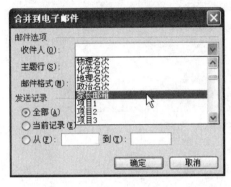
图 1-58

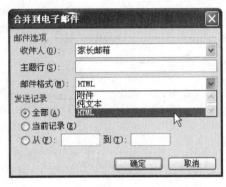
图 1-59

2) 选择不同的邮件格式。可以"附件"、"纯文本"以及"HTML"等格式发送,如图 1-59 所示。"HTML"格式是文档直接显示在邮件的正文中。

(4) Outlook 2010 版电子邮箱的设置

如果使用 Outlook 2010 版时,电子邮箱的设置方法如下:

1) 如果是第一次启动 Outlook 2010 时,点击电脑左下角"所有程序",在 Microsoft Office 文件夹中,点击"Microsoft Outlook 2010"。如图 1-60 所示。

2) 当出现 Outlook 2010 启动界面时,点击"下一步"。当出现"帐户配置"的界面时,默认选择"是",点击"下一步"。

3) 如果 Outlook 2010 已经打开,这时可以点击左上角的"文件",在"信息"选项卡中,点击"添加帐户"。如图 1-61 所示。

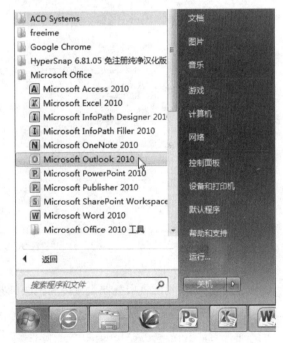
图 1-60

图 1-61

4）在弹出的"添加新帐户"对话框中，选择"电子邮件帐户"，然后点击"下一步"。如图 1-62 所示。

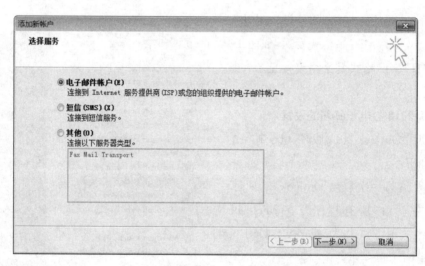

图 1-62

5）再选择"手动配置服务器设置或其他服务器类型"，点击"下一步"。如图 1-63 所示。
6）默认选中"Internet 电子邮件"，然后点击"下一步"。如图 1-64 所示。
7）按对话框提示完成"Internet 电子邮件设置"：电子邮件地址填写你准备使用的电子邮箱，帐户类型选择"pop3"，接收邮件服务器填写"pop.163.com"，发送邮件服务器填写"smtp.163.com"，用户名使用系统默认（即不带后缀的@163.com），填写完毕后，点击"其他设置"。如图 1-65 所示。

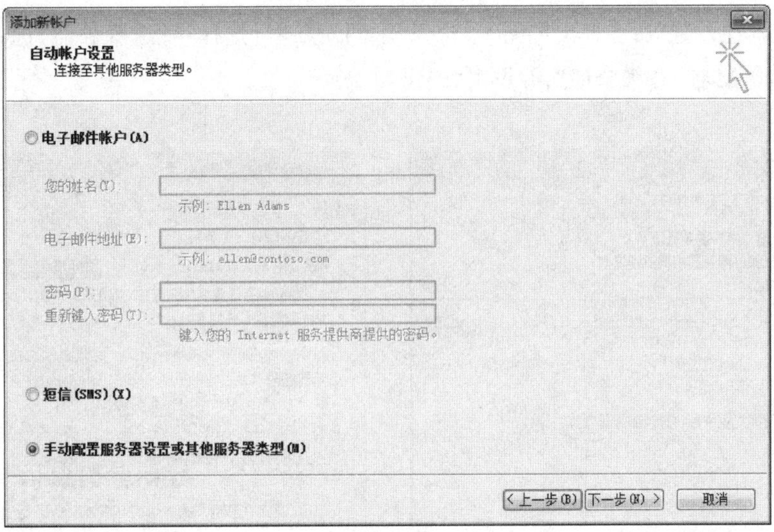

图 1 - 63

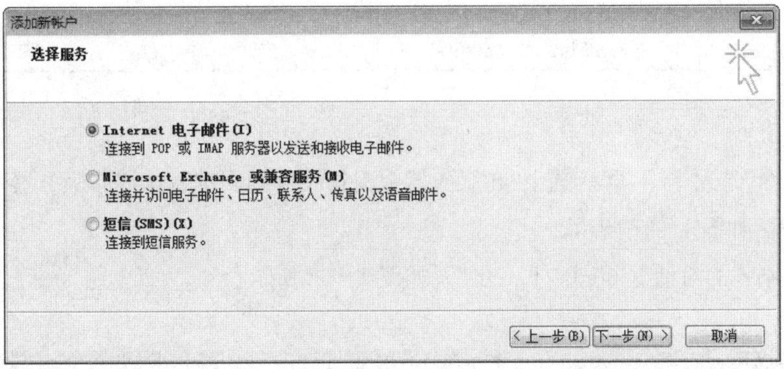

图 1 - 64

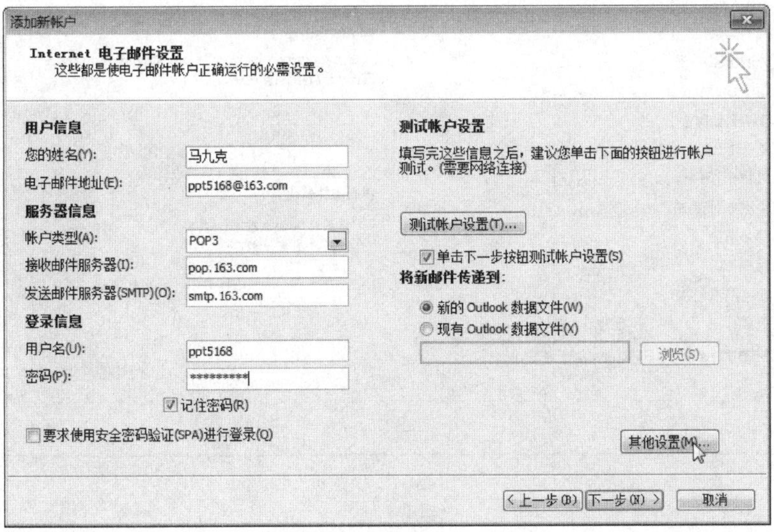

图 1 - 65

8）点击"其他设置"后会弹出如图1-66所示的对话框,选择"发送服务器"选项卡,勾选"我的发送服务器(SMTP)要求验证",并点击"确定"。

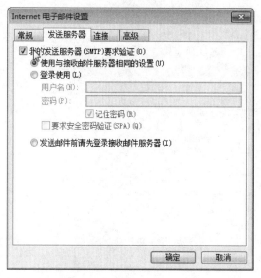

图1-66

图1-67

9）在"高级"选项卡中,默认选中"在服务器上保留文件的副本",这样原服务器上邮箱内的邮件不会被删除。如图1-67所示。

10）回到刚才的对话框,点击"下一步"。如图1-68所示。

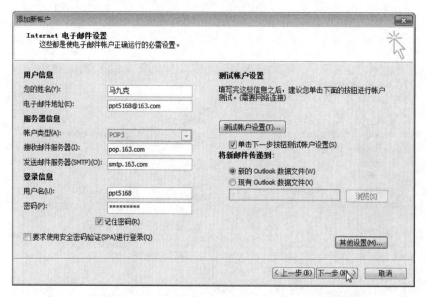

图1-68

11) 在弹出的"测试帐户设置"对话框中,如果显示如图1-69所示的提示,说明您的设置成功了。最后在弹出的对话框中,点击"完成"即可。

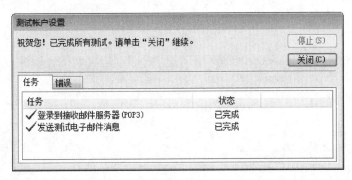

图1-69

1.06 批量制作学生鉴定文档

班主任工作中,常常要制作学生鉴定文档,即在一张纸上打印多个如图1-70所示的鉴定文档。利用"邮件合并"中的"目录"类型可以方便地制作学生学期鉴定文档或者其他需要批量处理的文档,操作方法如下:

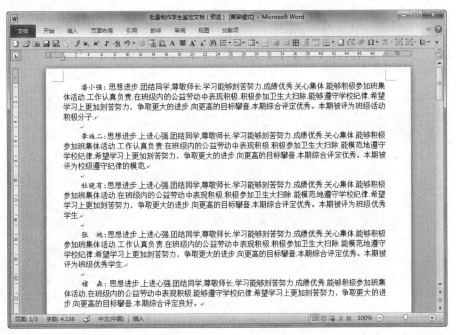

图1-70

(1) 设置 Excel 文档

在 Excel 工作表中，编辑学生的学期鉴定内容，由于许多内容可以采用复制的方法进行，所以在 Excel 工作表中进行学生学期鉴定内容的编辑很方便。编辑完成的学生学期鉴定文档如图 1-71 所示。

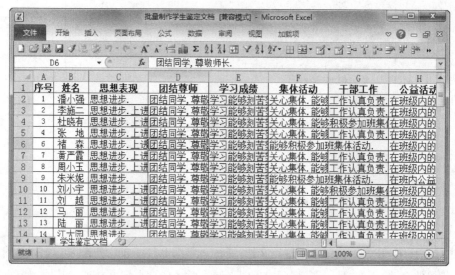

图 1-71

(2) 设置 Word 文档

1) 打开 Word 文档，点击"邮件合并"选项卡，在"开始邮件合并"组中，点击"开始邮件合并"按钮，选择"目录"类型。参见图 1-28。

2) 点击"选择收件人"按钮，选择"使用现有列表"。如图 1-72 所示。

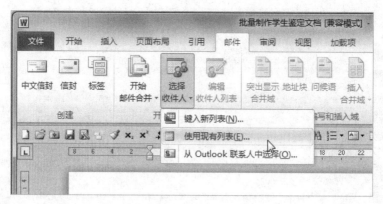

图 1-72

3) 找到 Excel 文件存放的位置。如图 1-73 所示。点击"打开"。

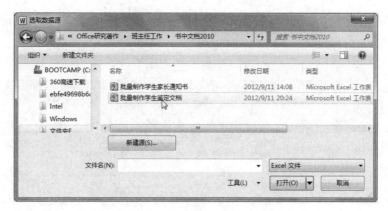

图 1-73

4) 在弹出的"选择表格"选择框中,选择需要的工作表,点击"确定"。如图 1-74 所示。

图 1-74

5) 点击"编辑收件人列表"按钮,可以在此选择需要打印的联系人。参见图 1-33。

(3) 插入合并域

1) 点击"插入合并域"上半部区域,弹出"插入合并域"对话框,在文档中插入"姓名"、"思想表现"、"团结尊师"、"学习成绩"、"集体活动"等内容。如图 1-75 所示。

图 1-75

2) 插入"域"后的文档如图1-76所示。字体和字号可以分别设置,姓名可以设置成"楷体"、"四号"、"加粗",内容设置成"宋体"和"小四"。

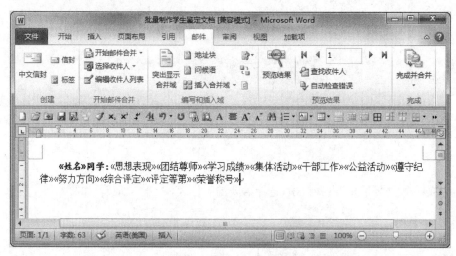

图1-76

3) 点击"预览结果"按钮,即可看到某一学生的学期鉴定文档的预览效果。如图1-77所示。想让合并后的两段间距大一点,可以在段落后面多打两个"回车"即可。

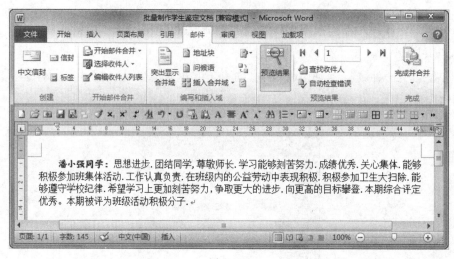

图1-77

(4) 设置段落属性

1) 为了防止该段文字被分页,可以设置段落属性。在"开始"选项卡中,点击"段落"组右下角的对话框启动器,如图1-78所示。

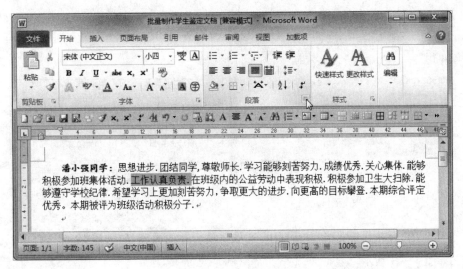

图 1-78

2）在弹出的"段落"对话框中的"换行和分页"选项卡中，选中"段中不分页"。如图 1-79 所示。

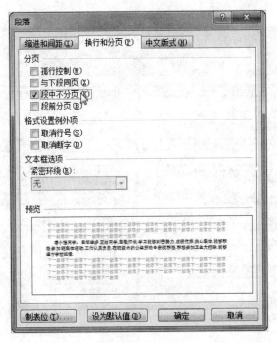

图 1-79

(5) 合并到新的文档

1）可以把文档内容合并到新的文档中。点击"完成并合并"按钮，然后选择"编辑单个文档"。如图 1-80 所示。

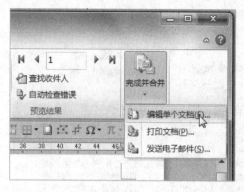
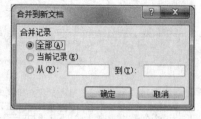

图 1-80　　　　　　　　　　　图 1-81

2）在得到的"合并到新文档"对话框中，选取需要合并的内容，如选择"全部"，则可以预览全部文档。如图 1-81 所示。

3）点击"确定"，即把所有的内容合并到一个新的文档中，还可以用鼠标在左边标尺的上边和下边拖动，调节页面的"上边距"和"下边距"或左右边距。图 1-82 是调节了显示比例的预览文档。

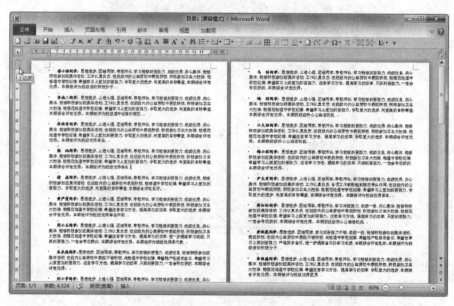

图 1-82

1.07 批量制作学生成绩单

以 Excel 文档作为数据源，利用 Word 的"邮件合并"中的"目录"类型可以方便的批量制作学

生的成绩单,操作方法如下:

(1) 制作数据源文件

制作 Excel 文件,第一行作为每一列的列标题。如图 1-83 所示即为 Excel 数据源文件。

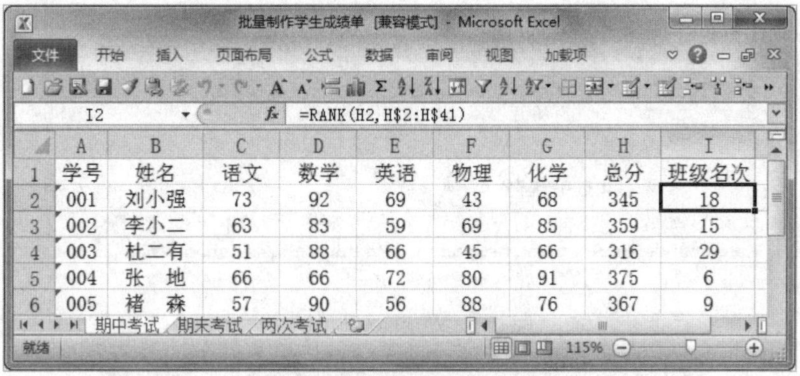

图 1-83

(2) Word 文档设置

在"邮件"选项卡的"开始邮件合并"组中,点击"开始邮件合并"按钮,然后选择"目录"。设置 Word 文档的页边距。在左边的标尺上双击鼠标,在得到的"页面设置"对话框的"页边距"选项卡中,设置页边距的上、下分别为"0.5 厘米",左、右分别为"1 厘米",方向默认"纵向"。如图 1-84 所示。

(3) 插入数据

1) 在"邮件"选项卡的"开始邮件合并"组中,点击"选择收件人"按钮,再点击"使用现有列表",参见图 1-72。打开 Excel 数据存放的位置。如图 1-85 所示。

2) 选取数据源文件中的工作表。如图 1-86 所示选中"期中考试"工作表。

3) 设置文档表格。在"插入"选项卡中,点击"表格"按钮,弹出一个 2 行 8 列的表格。在表格中输入相应的文字。如图 1-87 所示。

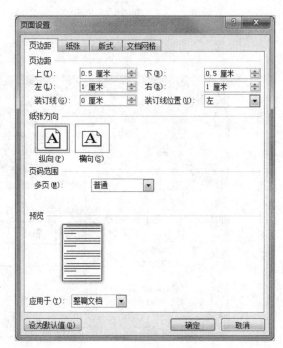

图 1-84

图 1-85

图 1-86

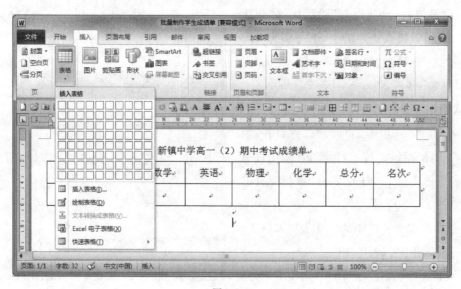

图 1-87

(4) 插入域

1) 在"邮件"选项卡中点击"插入合并域"按钮,在表格的各单元格中插入相应的"域"。如图

1-88所示。

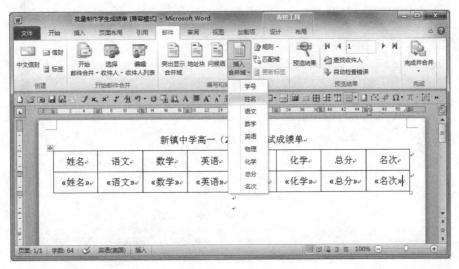

图1-88

2) 在"邮件"选项卡中的"预览结果"组中,点击"预览结果"按钮,可以看到表格中显示的数据内容。如图1-89所示。

图1-89

(5) 设置段落格式

为了防止表格和标题文字分列在两页,可以把表格和标题文字"固定"在一起。选中需要设置的行,在"开始"选项卡的"段落"组中,点击右下角对话框启动器,在弹出的"段落"对话框的"换行和分页"选项卡中,选中"与下段同页",如图1-90所示。

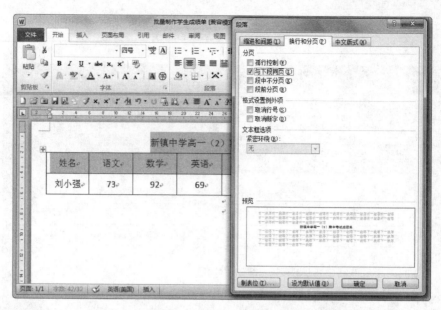

图 1-90

(6) 预览页面

1) 在"邮件"选项卡的"完成"组中,点击"完成并合并",选中"编辑单个文档",在得到的"合并到新文档"命令框中,选中需要的项目,可以选中全部或部分文档。参见图 1-81。

2) 打印的预览文档,如图 1-91 所示。实际上在打印时,不必点击"编辑单个文档",也可以直接在图 1-80 中点击"打印文档",将文档打印出来。

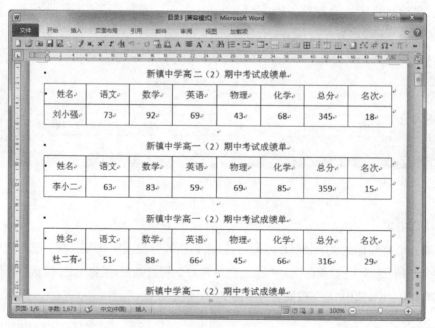

图 1-91

(7) 同时打印两个学期的成绩

当需要在 Word 文档中同时显示两个或者多个数据表格的内容时,就要把所有的数据复制在同一个工作表中。例如要制作显示两次考试成绩的成绩单,在工作表中就要有如图 1-92 所示的数据。且每次考试成绩的上面不可另加标题行,即第一行作为每一列的相应列标题。

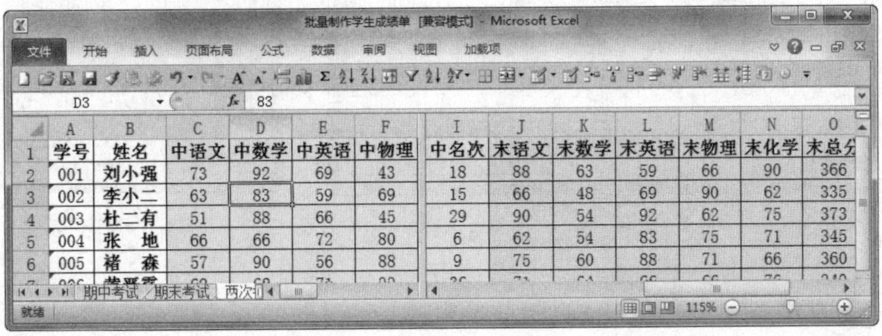

图 1-92

1) 插入数据源文件

① 可以在原来表格的基础上,再插入一行。输入相关文字,或者再制作一个表格,在"邮件"选项卡的"开始邮件合并"组中,点击"开始邮件合并"按钮,然后选择"目录"。如图 1-93 所示。

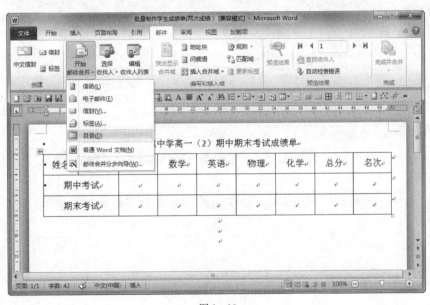

图 1-93

② 选择工作表。点击"选择收件人"按钮,点击"使用现有列表",找到 Excel 数据源文件,在"选择表格"中选择"两次考试"工作表。如图 1-94 所示。

图1-94

图1-95

2) 插入合并域

① 点击"插入合并域"按钮,弹出"插入合并域"命令框,在相应位置插入合并域。如图1-95所示。

② 点击"突出显示合并域"按钮,可以显示域底纹,如图1-96所示,即变量都以灰色底纹显示。

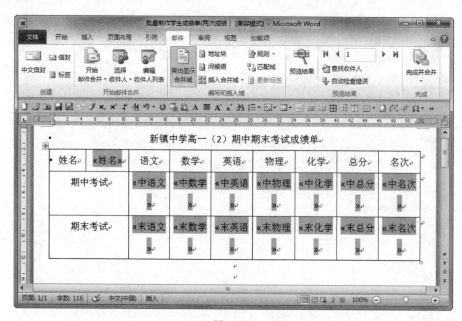
图1-96

③ 点击"预览结果"按钮,可以看到相应的Excel数据源文件内的数据。

3) 设置段落格式。为了防止表格和标题文字分列在两页,可以把表格和标题文字固定在一起。选中需要设置的行,点击"开始"选项卡,在"段落"组的右下角点击对话框启动器,在"段落"对话框的"换行和分页"选项卡中,选中"与下段同页",如图1-97所示。

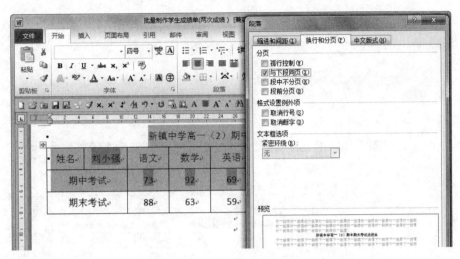

图1-97

4)预览文档。点击"完成合并"按钮,再点击"编辑单个文档",可以看到文档预览的效果,如图1-98所示,是缩小了比例的文档(显示比例50%)。

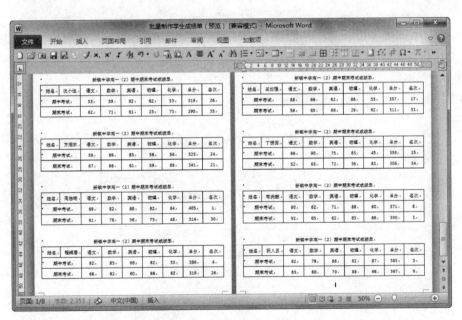

图1-98

1.08 批量制作学生考试通知单

考试前需要给学生分发考试通知单,可以利用"邮件合并"功能制作如图1-99所示的考试通知单文档。制作方法如下:

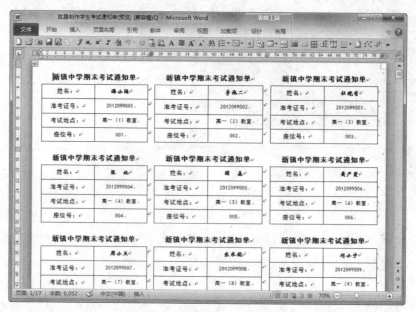

图1-99

(1) 制作Excel文档

制作如图1-100所示的Excel考试学生基本信息文档,然后关闭该文档。

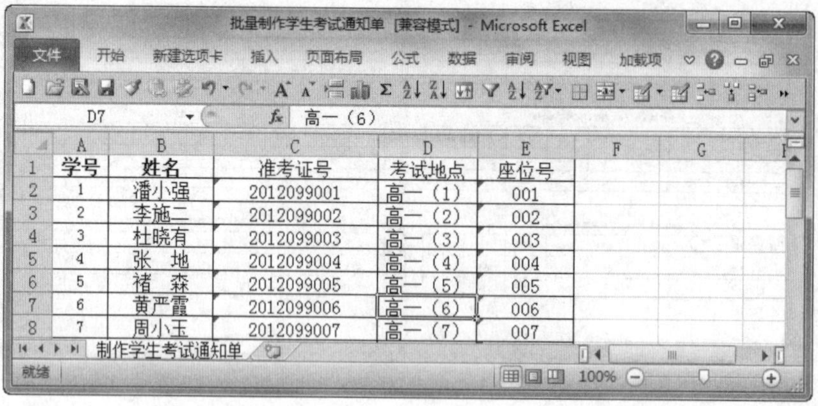

图1-100

(2) 设置 Word 文档

打开空白 Word 文档,在"页面设置"对话框的"页边距"选项卡中,纸张方向选择"横向"。

1) 在"邮件"选项卡的"开始邮件合并"组中,点击"开始邮件合并"按钮,选择"标签选项"。

2) 在弹出的"标签选项"对话框中,点击下面的"新建标签"按钮。如图 1-101 所示。

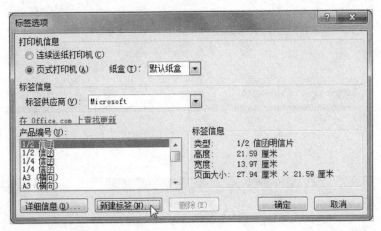

图 1-101

3) 在弹出的"标签详情"对话框中,输入标签名称,页面大小设置为"A4 横向(29.7×21 厘米)","标签列数"和"标签行数"均设置成"3","标签高度"和"纵向跨度"均设置成"6.6 厘米","标签宽度"和"横向跨度"均设置成"9.6 厘米","上边距"和"侧边距"均设置成"0.5 厘米",这些数值的设置可根据页面大小及标签的列数和行数进行相应计算后确定。6.6 厘米(标签高度)×3(标签行数)+1 厘米(上下边距)约等于 21 厘米(页面高度);9.6 厘米(标签宽度)×3(标签列数)+1 厘米(左右边距)约等于 29.7 厘米(页面宽度)。如图 1-102 所示。点击"确定"。

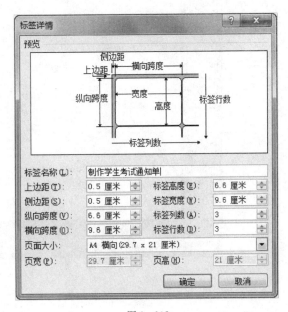

图 1-102

4) 在弹出的"标签选项"对话框中,选中新的自定义标签,点击"确定"。如图 1-103 所示。

5) 经过上面设置在 Word 文档中,得到了三行三列的"表格"。如图 1-104 所示。

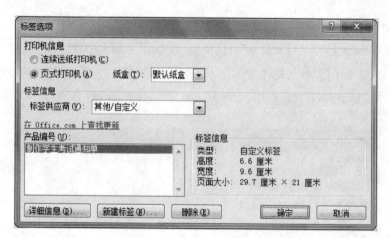

图 1-103

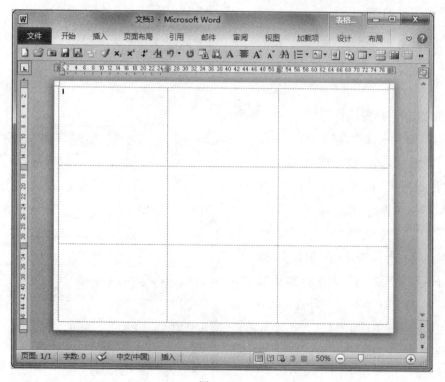

图 1-104

(3) 插入表格和文字

1) 在"插入"选项卡中点击"表格",插入 2 列 4 行的表格,光标置于左上角的第一个单元格后按回车键,在上面空出的一行中,输入标题文字"新镇中学期末考试通知单",设置为三号黑体字且居中排列。如图 1-105 所示。

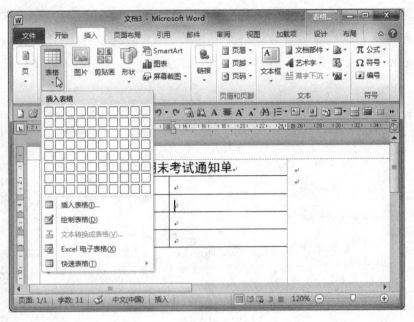

图 1-105

2)调整表格大小。光标置于表格右下角,当光标变成斜双向箭头"↘"时,上下拖动,即可调整表格的大小。如图 1-106 所示。

图 1-106

第 1 章 班级管理工作常用文档

3) 设置标题文字段落格式。如果标题文字与表格间距太小,可以通过"段落"选项卡进行设置。在"开始"选项卡的"段落"组中,点击右下角的对话框启动器,在弹出的"段落"对话框的"缩进和间距"选项卡中,设置"间距"段前为"1 行",段后设置"0.5 行"。如图 1-107 所示。

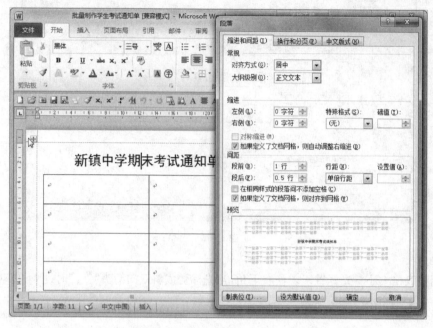

图 1-107

4) 设置"文字居中"。选中单元格,在"表格工具"中的"布局"选项卡中,点击"对齐方式"组中"水平居中"对齐按钮" "。如图 1-108 所示。这样表格中所有文字水平和竖直均居中。点击左边的"表"组中的"查看网格线"按钮可以查看表格是否显示网格线,但即使显示了网格线,打印时也不会打印出来。

(4) 插入合并域

1) 在"邮件"选项卡中点击"选择收件人"按钮,再点击"使用现有列表",如图 1-109 所示。找到 Excel 数据源文件所在的位置,并打开相应的工作表。

2) 表格左边列中输入相应文字,右边列中分别"插入合并域"。同时,可以分别设置表格内文字的格式,如表格左边的文字都设置成黑体四号,表格右边的"姓名"设置成华文新魏四号加粗,其他为黑体小四。如图 1-110 所示。

3) 点击"预览结果"按钮,可以显示出 Excel 数据源文档中的数据。如图 1-111 所示。

4) 点击"更新标签"按钮,可以在整个页面上显示出 Excel 数据源文档中的数据。如图 1-112 所示。这里是缩小了显示比例(右下角有显示的比例为 70%)的文档。

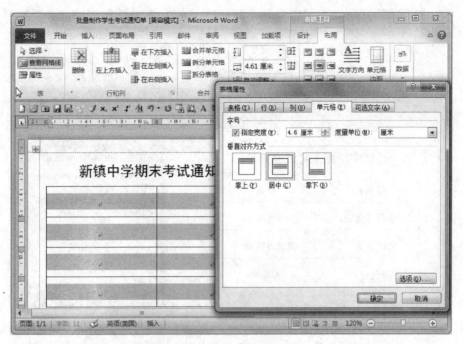

图 1-108

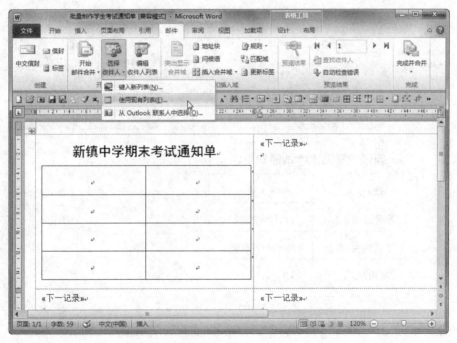

图 1-109

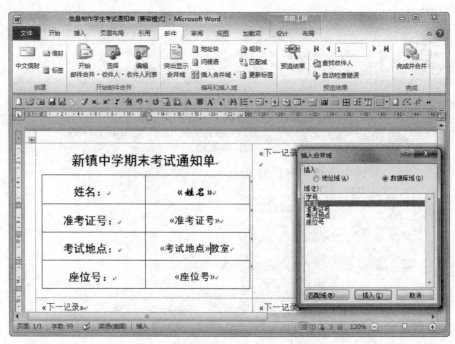

图 1-110

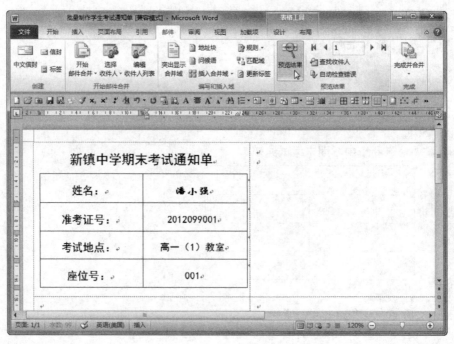

图 1-111

图 1-112

5）在图 1-112 中的"完成"组中，点击"完成并合并"按钮，再点击"编辑单个文档"按钮，可以得到完成设置的文档。如图 1-113 所示。

图 1-113

第 1 章 班级管理工作常用文档

1.09 批量制作多次单元测验成绩通知单

在班级的教学管理工作中,需经常与家长进行沟通,要即时将学生的学习情况反馈给学生家长。利用"邮件合并"中的标签类文档,可以实现在一张纸上打印多个学生的多次成绩单。对于"邮件合并"中标签类文档的应用,不一定要像前面那样预先计算好每个标签的大小,实际上也可以像一般文档表格那样,可以添加或删除行或列,并可以通过拖动来改变标签(表格)的大小。如图1-114所示,是制作好了的文档。文档制作的操作方法如下:

图1-114

(1) 制作 Excel 工作表

利用邮件合并功能时,所有数据都只能在 Excel 文件中的一个工作表中,所以要把多次考试的成绩复制在一个工作表中,每个列只能有一个列标题,列标题的单元格不可随意合并。

1) 以四次考试为例,每次考五门学科,第一次考试对应的列分别为:"1 语文、1 数学、1 英语、1 物理、1 化学、1 总分、1 名次";第二次考试对应的列分别为:"2 语文、2 数学、2 英语、2 物理、2 化学、2 总分、2 名次”……如图 1－115 所示。

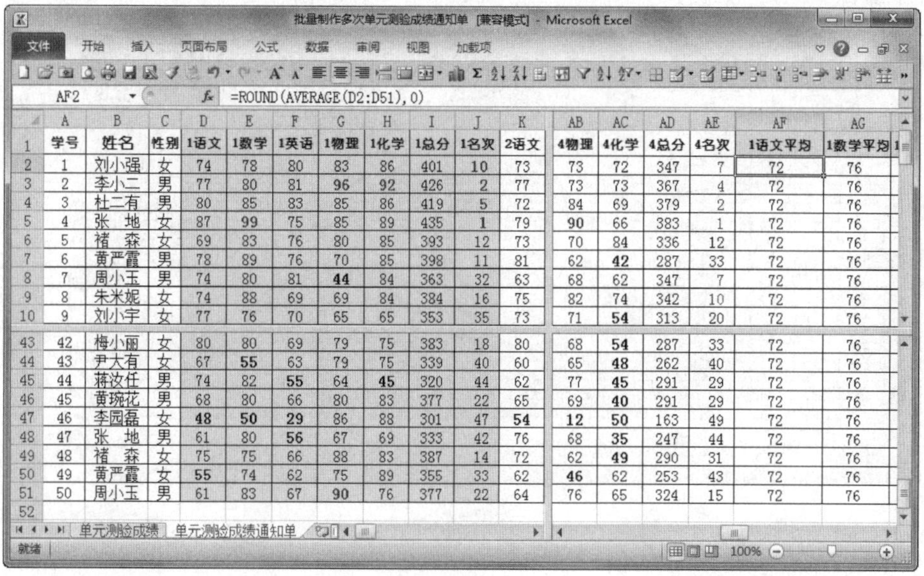

批量制作多次单元测验成绩通知单 [兼容模式] - Microsoft Excel

AF2 =ROUND(AVERAGE(D2:D51), 0)

	A	B	C	D	E	F	G	H	I	J	K	AB	AC	AD	AE	AF	AG
1	学号	姓名	性别	1语文	1数学	1英语	1物理	1化学	1总分	1名次	2语文	4物理	4化学	4总分	4名次	1语文平均	1数学平均
2	1	刘小强	女	74	78	80	83	86	401	10	73	73	72	347	7	72	76
3	2	李小二	男	77	80	81	96	92	426	2	77	73	73	367	4	72	76
4	3	杜二有	男	80	85	83	85	86	419	5	72	84	69	379	2	72	76
5	4	张　地	女	87	99	75	85	89	435	1	79	90	66	383	1	72	76
6	5	褚　森	女	69	83	76	80	85	393	12	73	70	84	336	12	72	76
7	6	黄严霞	男	78	89	76	70	85	398	11	81	62	42	287	33	72	76
8	7	周小玉	男	74	80	81	44	84	363	32	63	68	62	347	7	72	76
9	8	朱米妮	女	74	88	69	69	84	384	16	75	82	74	342	10	72	76
10	9	刘小宇	女	77	76	70	65	65	353	35	73	71	54	313	20	72	76
43	42	梅小丽	女	80	80	69	79	75	383	18	80	68	54	287	33	72	76
44	43	尹大有	女	67	55	63	79	75	339	40	60	65	48	262	40	72	76
45	44	蒋汝任	男	74	82	55	64	45	320	44	62	77	45	291	29	72	76
46	45	黄琬花	男	68	80	66	80	83	377	22	65	69	40	291	29	72	76
47	46	李园磊	女	48	50	29	86	88	301	47	54	12	50	163	49	72	76
48	47	张　地	男	61	80	56	67	69	333	42	76	68	35	247	44	72	76
49	48	褚　森	女	75	75	66	88	83	387	14	72	62	49	290	31	72	76
50	49	黄严霞	女	55	74	62	75	89	355	33	62	46	62	253	43	72	76
51	50	周小玉	男	61	83	67	90	76	377	22	64	76	65	324	15	72	76
52																	

单元测验成绩　单元测验成绩通知单

就绪　100%

图 1－115

2）每一学科的平均分，不能放在该学科的下面，要单独放在新的一列，如“1 语文”的平均分应放在新的列的单元格 AF1 中，如“1 语文平均”，表示第一次语文考试的平均值，即在 AF1 单元格中输入求 D2:D51 单元格区间的平均值公式“＝AVERAGE(D2:D51)”，但是由于平均分数常常包含多位小数，即使在 Excel 文档的单元格中通过设置单元格格式小数没有显示出来，当与 Word 链接时，依旧会在 Word 文档中显示多位小数，为了避免这种情况出现，添加一个对数值函数进行四舍五入，且指定位数的函数“ROUND()”，因此在 AF1 单元格中输入的公式为“＝ROUND(AVERAGE(D2:D51)，0)”，含义是，对 D2:D51 单元格区间的数值求平均，且保留整数。然后向右拉动填充到 AK2 单元格。再在 AL2 单元格中输入公式“＝ROUND(AVERAGE(K2:K51)，0)”，再次拉动填充到 AQ2 单元格。……用类同的方法，一直填充到 BC2 单元格。

3）在平均值列上填充相同的数值。选中 AF3 到 BC51 之间的单元格，直接在 AF3 单元格中输入公式“＝AF＄2”，在按下“Ctrl”键时，打回车即可在所有单元格中填充上相应的平均分的数值。如图 1－116 所示。

(2) 设置标签文档

1）手动调整 Word 文档页边距

① 将光标置于左边的标尺上端，当光标变为上下双箭头“⇕”时，上下拖动调整页边距，如图 1－117所示。同理调整下面页边距。

② 将光标置于上面标尺的左上角，当光标变成水平双向箭头“⇔”时，左右拖动，同理调整

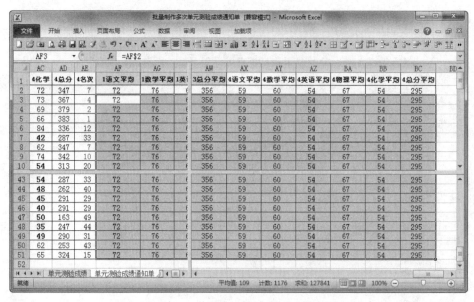

图 1-116

图 1-117

右边的页边距,总之,应使得各边的页边距都很小。

2）建立标签文档

① 在"邮件"选项卡中的"开始邮件合并"组中,在"开始邮件合并"项目中选择"标签"。在弹出的"标签选项"对话框中,点击下面的"新建标签"按钮,参见图 1-101。点击"新建标签",在"标签详情"对话框中,数值可以随便输入,但不要太大,以后可以通过鼠标拖动来改变大小。

② 弹出的标签并不是自己所需要的大小和行列数,可以用编辑表格一样的方法进行编辑处理。

③ 当插入标签后,自动会出现"表格工具"选项卡。本文档需要的标签是一列两行,选中右边多余的列,点击"表格工具"中的"布局"选项卡,在左边点击"删除",再点击"删除列"。可以删除多余的列。

④ 将光标置于原标签表格的右下角,当光标变成斜双向"十字"箭头时,向右下方拖动到适当的位置。中间的分隔线也可以作适当调整,调整后的标签文档如图 1-118 所示。

3）再在标签中绘制表格,输入相应文字,并设置文字的格式以及标题的段落格式（设置段落格式可以改变标题与上下边框的间距）。如图 1-119 所示。

(3) 插入合并域

1）在"邮件"选项卡的"开始邮件合并"组中,点击"选择收件人"按钮,再点击"使用现有列表",找到 Excel 数据源文件所在的位置,并打开相应的工作表。参见图 1-109。

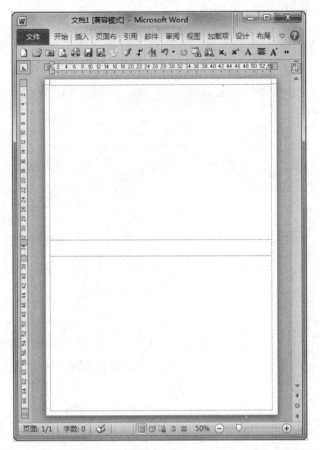

图 1-118

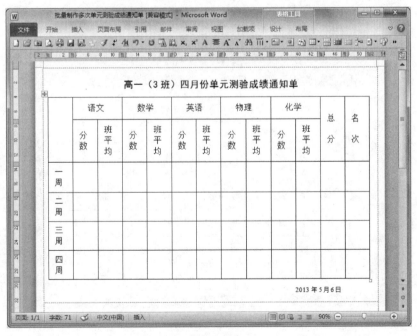

图 1-119

2）在相应单元格中插入合并域。光标置于不同的单元格中，分别"插入合并域"。如图1-120所示。

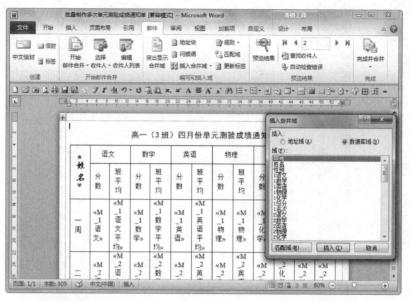

图1-120

3）点击"预览结果"按钮，可以看到文档中的数据。如图1-121所示。

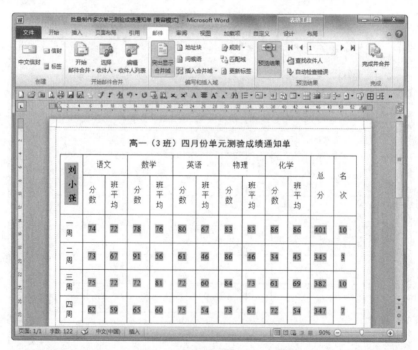

图1-121

4)在上图中点击"更新标签"按钮,可以在整个页面上看到不同内容的标签。如图1-122所示。

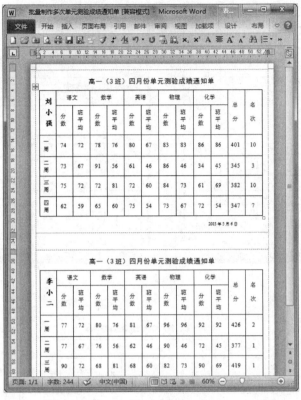

图1-122

(4) 文档预览

1)在图中点击"完成并合并"按钮,并选中"编辑单个文档",调整一下显示比例,可以看到如图1-123所示的全部文档内容。该文件可以拷贝到其他电脑上直接使用。源文件由于与Excel相链接,所以不能把源文件直接拷贝使用。也可以在点击"完成并合并"后,点击"打印文档",直接打印该文件。

2)打印的效果图。点击"文件"选项卡后,再点击"打印",在右边即可看到如图1-124所示的打印效果图。

 1.10 批量套打证书

批量套打证书,即将如图1-125所示的文字内容套打在空白证书上。工作中常常会遇到将文字等内容打印到已经有固定格式的印刷物品上,如学校发放的学生录取通知书、会议邀请函、批量发送的明信片、打印发票等,都是要把文字打印在已经固定了格式的印刷物品上。下面以批

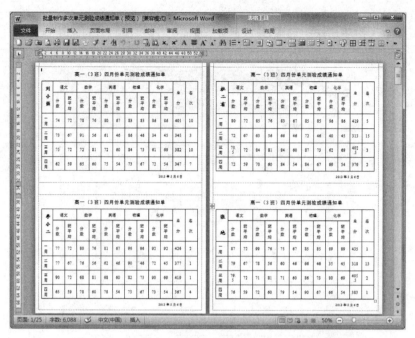

图 1-123

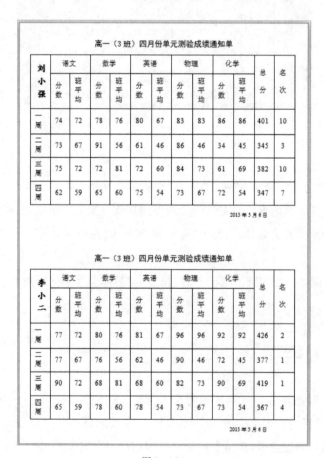

图 1-124

量套打荣誉证书的方法说明套打的操作方法：

(1) 制作 Excel 文档

制作如图 1-126 所示的 Excel 学生获奖情况文档。

(2) 制作证书

测量出被套打的证书的长度和宽度，然后把证书扫描为图片文档，保存备用。下面以规格为 255 mm×175 mm 的常用证书为例。如图 1-127 所示。

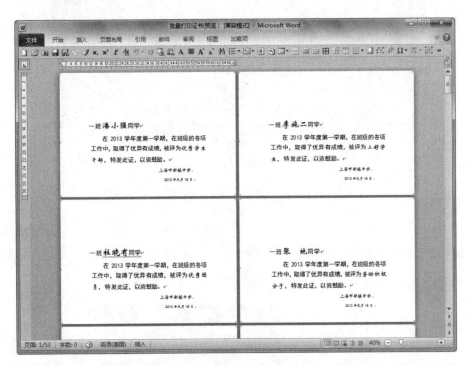

图 1-125

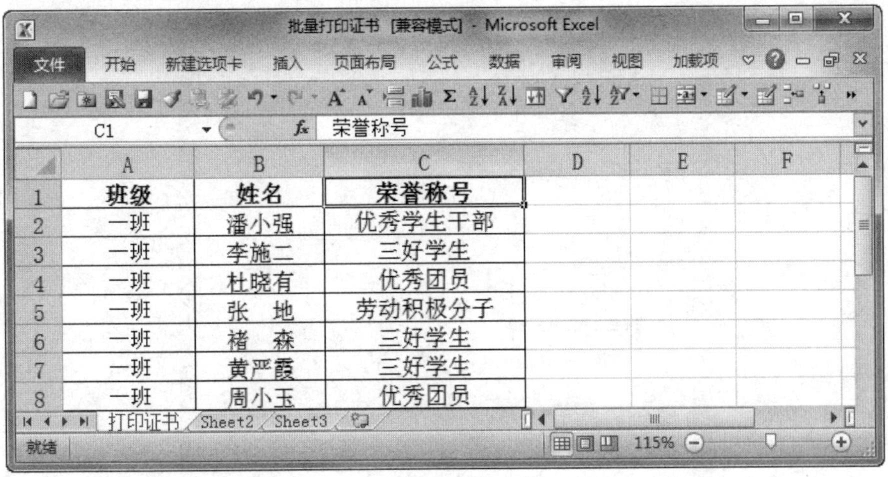

图 1-126

图 1-127

(3) 设置文档格式

1) 打开一个 Word 文档,双击左边标尺,在弹出的"页面设置"对话框的"页边距"选项卡中,将上下左右边距均设置为"0.2 厘米",方向设置为"横向"。如图 1-128 所示。或者直接手动设置页边距。

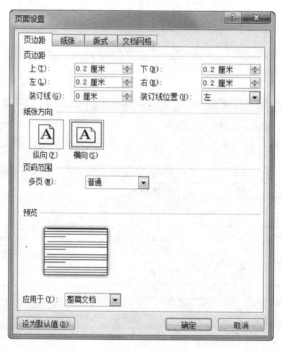

图 1-128

2) 双击页面左边的标尺,在弹出的"页面设置"对话框的"纸张"选项卡中,纸张大小选择"自定义大小","宽度"和"高度"分别设置为"25.5 厘米"和"17.5 厘米"。如图 1-129 所示。

图 1-129

3) 在设置中如果出现如图 1-130 所示的询问框,选择"忽略"即可。

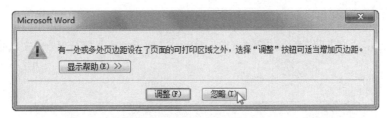

图 1-130

(4) 插入图片

在"插入"选项卡的"插图"组中,点击"图片"按钮,打开图片所在的位置,把图片插入到文档中。通过调整图片的大小,使得图片基本充满整个文档。如图 1-131 所示。

(5) 链接数据源

1) 在"邮件"选项卡中,点击"选择收件人"按钮,再点击"使用现有列表",如图 1-132 所示。

2) 找到 Excel 数据源文档,打开即可。如图 1-133 所示。

图 1-131

图 1-132

图 1-133

3）选择"打印证书"工作表。如图 1-134 所示。这样 Excel 文档与 Word 文档之间已经建立了链接的关系。

图 1-134

(6) 插入文本框添加文字

1) 在"插入"选项卡的"文本"组中,点击"文本框"按钮,选择"绘制文本框",如图 1-135 所示。即可绘制出一个文本框。注意,在图片上插入文本框时,不要选中图片,鼠标要在图片区域外面点击一下,再插入文本框。

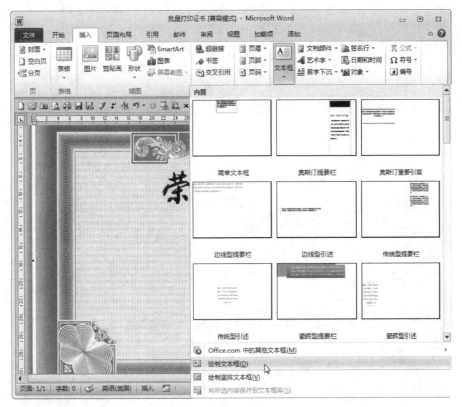

图 1-135

2) 设置文本框格式

① 如果插入的文本框有填充色和边框,可以利用文本框格式工具进行设置。在文本框的边缘点击一下,可以看到显示的"文本框工具"栏,再点击"文本框工具"下面的"格式"按钮,在"文本框样式"组中,点击上面的"形状填充"按钮,选择"无填充颜色",即可去掉填充色。如图 1-136 所示。

② 点击"形状轮廓"按钮,然后选择"无轮廓"。可以去掉边框线。如图 1-137 所示。

3) 复制文本框,输入相应文字,并设置文字的格式。如图 1-138 所示。当点击图片时,如果文本框不易选中,可以点击文本框的边框或单击鼠标右键。

4) 设置文字格式。选中需要设置格式的文字,单击鼠标右键,进行字体、字号、颜色等格式的设置。上面两个文本框的字体设置成黑体小一号,单位名称的文本框设置成楷体_GB2312 小二号,日期的文本框设置成楷体_GB2312 三号。如图 1-139 所示。

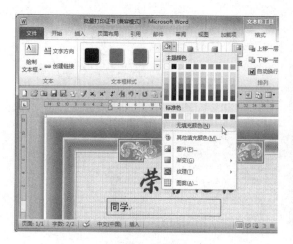
图 1-136
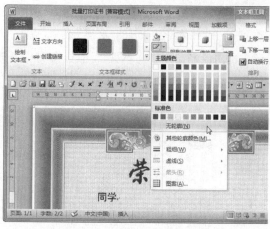
图 1-137

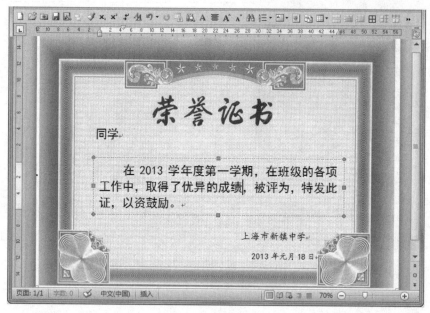
图 1-138

(7) 插入域

1) 在"邮件"选项卡中,点击"插入合并域"按钮,在"同学"前面分别插入"班级"和"姓名",在"被评为"的后面插入"荣誉称号"。设置"姓名"文字的格式为华文新魏小初号。"荣誉称号"文字也可以设置成华文新魏一号。如图 1-140 所示。

2) 点击"预览结果",可以看到设置完成后的文档格式如图 1-141 所示。

(8) 设置图片格式

为了在打印时不显示图片的颜色,需要在文档中把图片的颜色去掉。

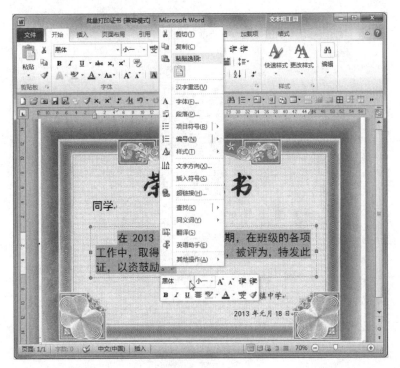

图1-139

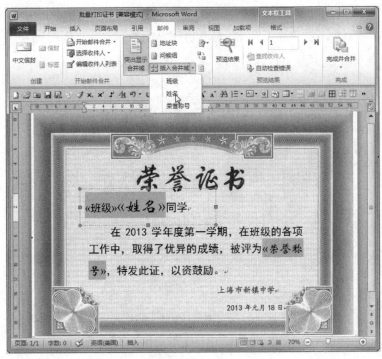

图1-140

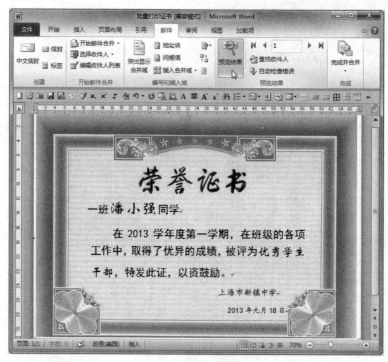

图1-141

1) 兼容模式文档图片格式的设置

① 点击图片,自动出现"图片工具"栏,点击"图片工具"栏下面的"格式"选项卡,在左边的"调整"组中,点击"重新着色"按钮,再选中"冲蚀"选项。如图1-142所示。

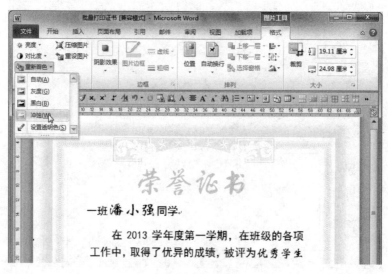

图1-142

② 点击"冲蚀"按钮后,再点击"黑白",图片颜色则全部消失。这样可以把文字套打在证书上。如图 1-143 所示。

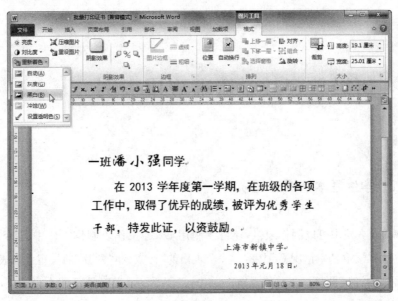

图 1-143

2) 2010 版的设置。如果 2010 版中设置的不是兼容模式的文档,当点击图片时,自动弹出"图片工具"栏,点击"图片工具"栏下面的"格式"选项卡,在"图片样式"组中,点击右下角的对话框启动器,弹出"设置图片格式"对话框中的"图片更正"选项,在"亮度和对比度"中把"亮度"设置成"100%"。这样图片的颜色就消失了。如图 1-144 所示。

图 1-144

第2章 班级教育教学管理应用实例

2.01 学生基本情况登记表

不仅在 Word 文档中可以制作表格,还可以利用 Excel 工作表制作工作中需要的各种表格,图 2-1 为常见的"学生基本情况登记表"。一个表格的"行数"和"列数"的设定是以表格的最多行数和列数来确定的,然后进行"合并单元格"。如图 2-1 所示,表格的行数为"16"行,列数为"11"列,然后利用单元格合并功能获得所需要的较大的单元格。

××中学学生基本情况登记表

姓名		出生年月			政治面貌					
性别		民族			籍贯			照片		
健康状况				初中毕业学校						
家庭详细住址						邮编				
个人身份证号码					户口所在地					
家庭电话					个人电话					
父亲	姓名			手机						
	工作单位及职务									
母亲	姓名			手机						
	工作单位及职务									
入学成绩	语文	数学	英语	物理	化学	政治	地理	体育	综合	总分
担任职务及获奖情况:										
兴趣爱好及特长:										
在校表现:										
毕业去向:										

图 2-1

(1) 制作表格

1) 先按照学生基本情况登记表的要求输入相关文字,输入内容后的表格如图2-2所示。

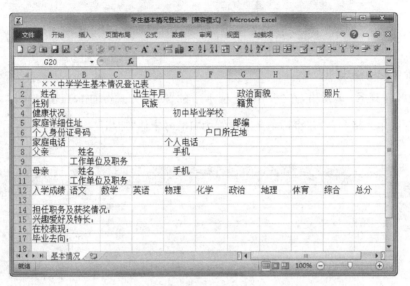

图2-2

2) 设置"行高"和"列宽"。选中2到13行,在"开始"选项卡的"单元格"组中,点击"格式"按钮(在此可以设置"行高"和"列宽")。再点击"行高",如图2-3所示。在"行高"中输入"26",如图2-4所示。再选中A到K列,在如图2-3所示中点击"列宽",并将列宽设置为"7",如图2-5所示。

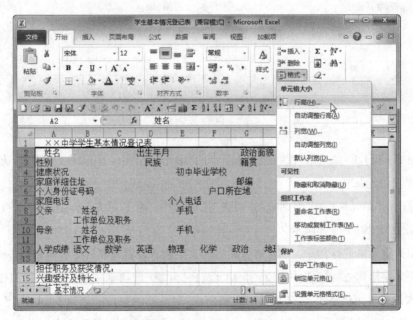

图2-3

图 2-4　　　　　　　　　图 2-5

3）设置单元格格式

① 选中 A1 到 K1 单元格,在"开始"选项卡中的"对齐方式"组中,点击"合并后居中"按钮"　",将这些单元格合并,并将标题文字设置为"16"号宋体"加粗"。如图 2-6 所示。

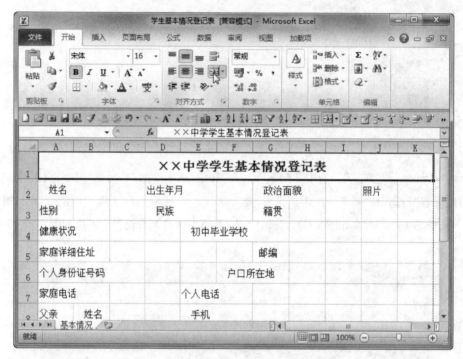

图 2-6

② 选中 A2 到 K13 单元格,在"开始"选项卡的"单元格"组中,点击"格式"按钮,选中"设置单元格格式"选项,如图 2-7 所示。

③ 在弹出的"单元格格式"对话框的"对齐"选项卡中,"水平对齐"选项框和"垂直对齐"选项框均选择"居中"。如图 2-8 所示。

4）将相关单元格进行合并。单元格合并后和文字格式设置完成后的表格如图 2-9 所示。

5）改变文字排列方向。选中 12 行和 13 行,在"开始"选项卡中的"单元格"组中,点击"格式",再点击"设置单元格格式",在"设置单元格格式"对话框的"对齐"选项卡中,点击"方向"下面表示文字方向的"文字"框。如图 2-10 所示。在此可以改变文字的排列方向。

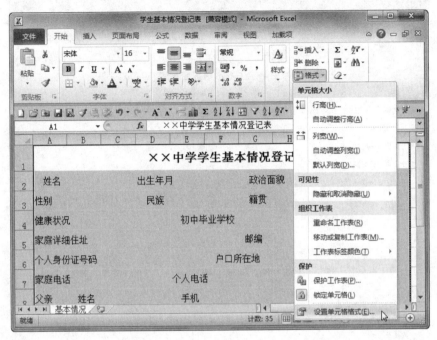

图 2-7

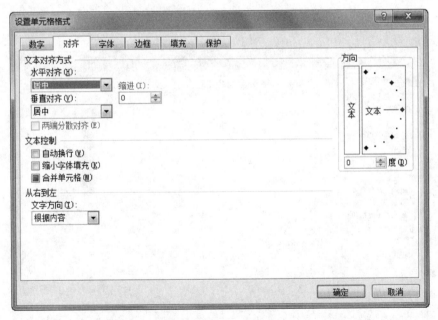

图 2-8

第 2 章 班级教育教学管理应用实例

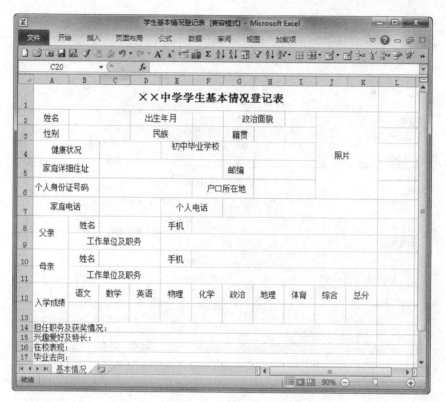

图 2-9

图 2-10

6）设置单元格格式。调整 A14 到 A17 单元格的适当宽度，如 A14 为"95"，A15 为"80"，A16 为"105"，A17 为"30"，再选中 A14 到 A17 单元格，在"开始"对话框的"对齐方式"组中，点击右下角的对话框启动器，在"设置单元格格式"对话框的"对齐"选项卡中，"水平对齐"选项框选择"靠左"，"垂直对齐"选项框选择"靠上"。如图 2-11 所示。

图 2-11

（2）设置边框

选中除标题以外的所有单元格，即 A2 到 A17 单元格，在"开始"对话框中，点击"对齐方式"组右下角的对话框启动器，在"单元格格式"对话框的"边框"选项卡中，选择一种线条样式，点击"预置"下面的"外边框"和"内部"，再点击"确定"即可。如图 2-12 所示。

（3）设置页面及打印区域

1）在"页面布局"选项卡的"页面设置"组中，点击右下角的对话框启动器，在"页面设置"对话框的"页边距"选项卡中，设置上、下页边距分别为"1.5"厘米，左、右边距分别为"1.4"厘米，且设置为"水平"居中方式。如图 2-13 所示。

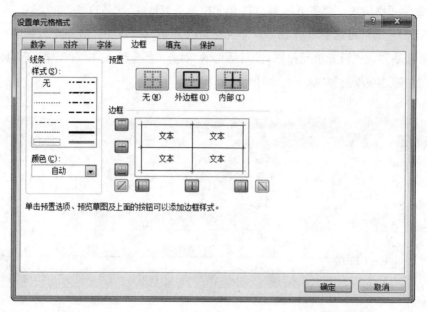

图 2-12

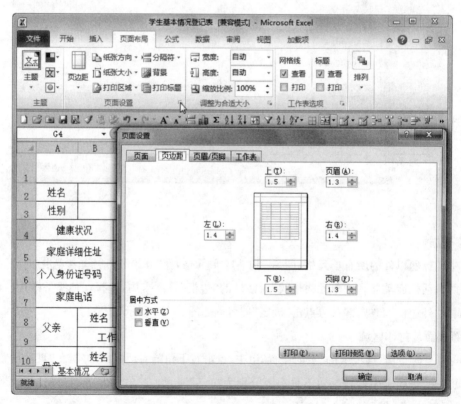

图 2-13

2) 选中 A1 到 A17 的打印区域,在"页面布局"选项卡的"页面设置"组中,点击"打印区域"按钮,再选中"设置打印区域",如图 2-14 所示。该区域即为打印的区域,然后打印即可。打印的效果如图 2-1 所示。

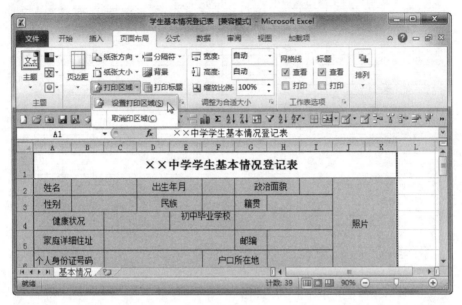

图 2-14

2.02 学生各科成绩统计表

每次考试结束,班主任常常要对学生的各科成绩进行详细分析,需要制作一个各科成绩统计表,用来对所有考试科目求总分,排名次,进行分析、判断等等。还要对各科的平均分、各分数段的人数、最低分、最高分、优秀率和及格率等项目进行统计分析。下面是一张常规的学生成绩统计表。如图 2-15 所示。制作方法如下:

(1) 制作表格

1) 没有任何函数和格式的基本数据表格如图 2-16 所示。总分、总名次、等第以及各项目的统计需要输入有关公式和函数。将该工作表复制出一个名为"各科成绩统计表"的工作表(按下"Ctrl"键,用鼠标直接在原工作表标签上向右拖动即可完成复制),在新的工作表中进行相关设置。

2) 设置标题单元格格式。把 C1 到 L1 单元格合并,字体及字号分别设置为"黑体"和"16"号,且"加粗"。第 2 行的列标题,字体格式可以设置为"宋体"和"12"号,且"加粗"。选中所有文字再点击工具栏上的"居中"按钮" ",使文字居中排列。如图 2-17 所示。

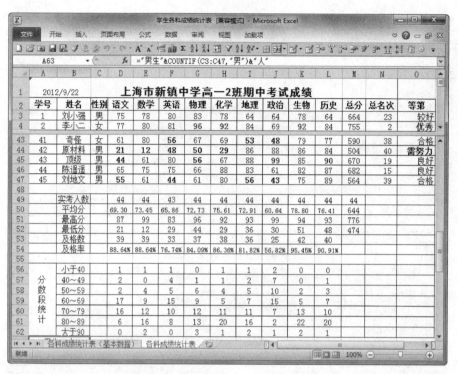

图 2-15

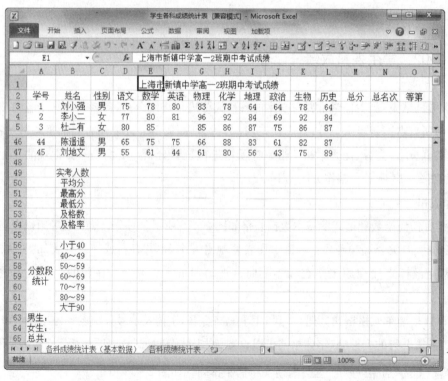

图 2-16

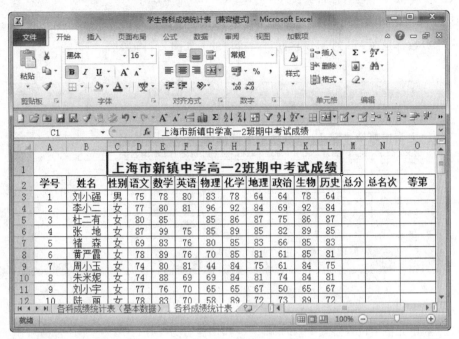

图 2-17

(2) 输入总分、名次及等第公式

1) 在 M3 单元格中输入求总分的公式"=IF(SUM(D3:L3)<>0,SUM(D3:L3),"")"。该公式是一个逻辑函数嵌套求和函数,这是为了在该学生缺考的时候,不会出现零分数"0",避免求总分的平均分出现错误。公式的含义是:当 D3 到 L3 单元格区域求和不等于"0"时,显示 D3 到 L3 单元格区域求和的值,否则显示为空。如图 2-18 所示。

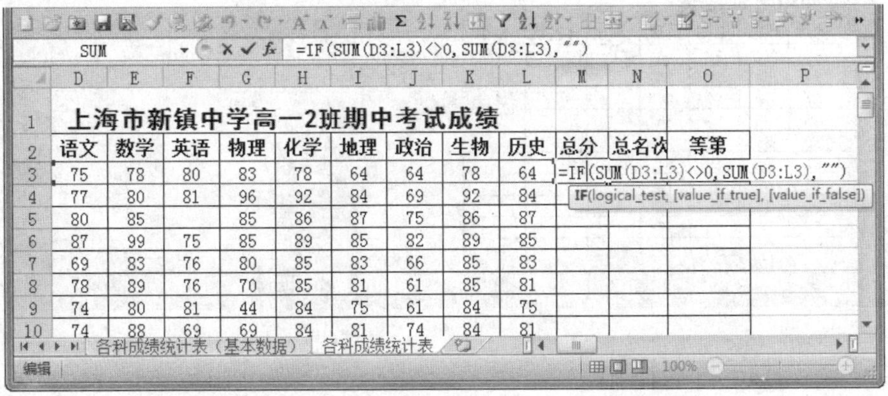

图 2-18

2) 在 N3 单元格中输入排名次公式"=RANK(M3,＄M＄3:＄M＄47)"。＄M＄3:＄M＄47 是对 M3 到 M47 区间的绝对引用,这样是为了在用鼠标下拉进行公式单元格填充时,保证 M 列中的每一个分数都是在 M3 到 M47 区间进行排序的。如图 2-19 所示。

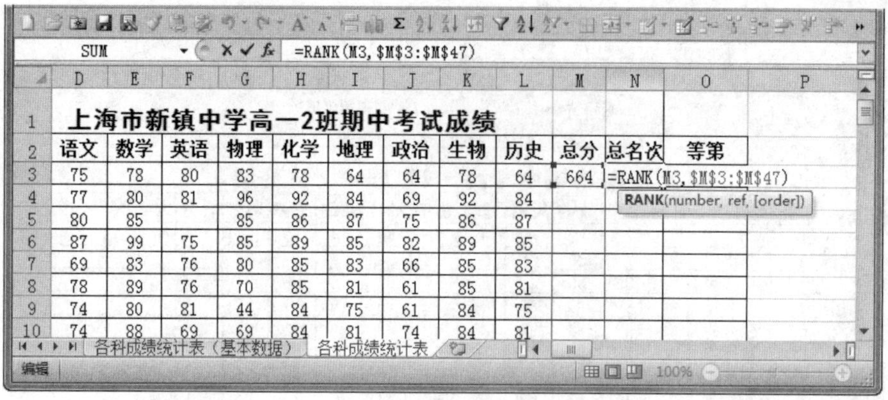

图 2-19

3) 在 O3 单元格中输入公式"=IF(N3＞=40,"需努力",IF(N3＞=30,"合格",IF(N3＞=20,"较好",IF(N3＞10,"良好","优秀"))))",公式的含义是:名次大于等于 40 的显示"需努力",名次在 30 到 39 的显示为"合格",名次在 20 到 29 的显示"较好",名次在 11 到 19 的显示"良好",否则显示为"优秀"。即前十名为优秀。如图 2-20 所示。也可以用公式"=IF(N3＜=10,"优秀",IF(N3＜20,"良好",IF(N3＜30,"较好",IF(N3＜40,"合格","需努力"))))"。

图 2-20

4) 选中 M3 到 O3 单元格区间,当光标移动至 O3 单元格右下角出现小粗十字"=＋"时向下拖动,即把下面所有单元格填充上了公式。如图 2-21 所示。

	A	B	C	G	H	I	J	K	L	M	N	O
1				学高一2班期中考试成绩								
2	学号	姓名	性别	物理	化学	地理	政治	生物	历史	总分	总名次	等第
3	1	刘小强	男	83	78	64	64	78	64	664	11	良好
4	2	李小二	女	96	92	84	69	92	84			
5	3	杜二有	女	85	86	87	75	86	87			
6	4	张 地	女	85	89	85	82	89	85			
7	5	褚 森	女	80	85	83	66	85	83			
8	6	黄严霞	女	70	85	81	61	85	81			
9	7	周小玉	女	44	84	75	61	84	75			
10	8	朱米妮	女	69	84	81	74	84	81			
11	9	刘小宇	女	65	65	67	50	65	67			
12	10	陆 丽	女	58	89	72	73	89	72			
13	11	马 丽	女	72	85	88	58	85	88			
14	12	陆 丽	男	82	74	80	72	74	80			
15	13	江大园	男	81	65	88	66	65	88			
16	14	梅小丽	男	58	78	62	64	78	62			
17	15	尹大有	男	61	78	65	58	78	65			

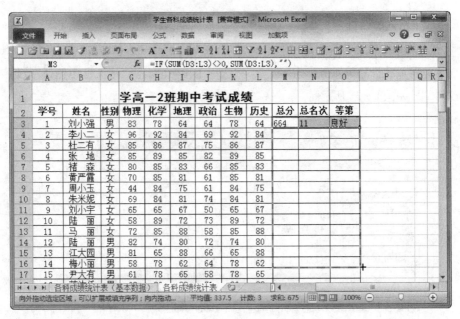

图 2-21

(3) 输入学科分数统计公式

1）在 D49 单元格中输入求实考人数公式“＝COUNT(D3:D47)”。

2）在 D50 单元格中输入求平均分公式“＝AVERAGE(D3:D47)”。

3）在 D51 单元格中输入求最大值公式“＝MAX(D3:D47)”。

4）在 D52 单元格中输入求最小值公式“＝MIN(D3:D47)”。

5）在 D53 单元格中输入求大于等于 60 分人数的公式“＝COUNTIF(D3:D47,"＞＝60")”。

6）在 D54 单元格中输入求 60 分以上的人数与参加考试人数的比值公式“＝COUNTIF(D$3:D47,"＞＝60")/COUNT(D3:D47)”，即本学科考试的及格率。输入公式后的表格如图 2-22 所示。

	A	B	C	D	E	F	G	H	I	J	K	L	M	N	O
1				上海市新镇中学高一2班期中考试成绩											
2	学号	姓名	性别	语文	数学	英语	物理	化学	地理	政治	生物	历史	总分	总名次	等第
45	43	顶级	男	44	61	80	56	67	88	99	85	90	670	19	良好
46	44	陈遥遥	男	65	75	75	66	88	83	61	82	87	682	15	良好
47	45	刘地文	男	55	61	44	61	80	56	43	75	89	564	39	合格
48															
49		实考人数		44											
50		平均分		69.295											
51		最高分		87											
52		最低分		21											
53		及格数		39											
54		及格率		0.8864											
55															

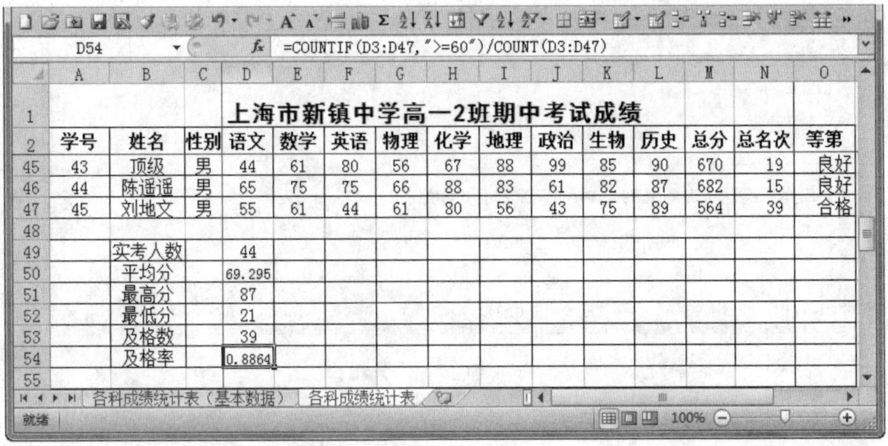

图 2-22

(4) 单元格数字格式的设置

1) 设置平均值小数点位数。选中 D50 单元格,在"开始"选项卡的"对齐方式"组中,点击右下角对话框启动器,在"设置单元格格式"的"数字"选项卡中,在"分类"选项框中选择"数值","小数位数"选择"2"。如图 2-23 所示。

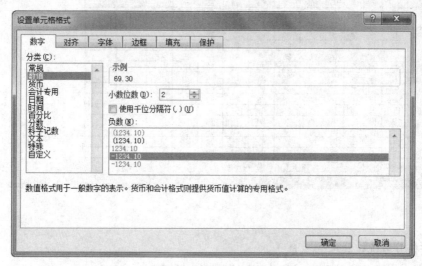

图 2-23

2) 单元格带百分号"%"。选中 D54 单元格,在"设置单元格格式"对话框中的"数字"选项卡中,在"分类"选项框选择"百分比","小数位数"选择"2"。如图 2-24 所示。

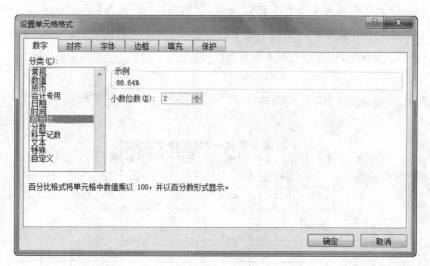

图 2-24

3) 公式填充。选中 D49 到 D54 单元格，当移动光标至 D54 单元格右下角出现小粗十字"=╬-"时向右拖动，即右面所有单元格填充上了公式。然后删除 M53 和 M54 单元格中的内容即可。如图 2-25 所示。

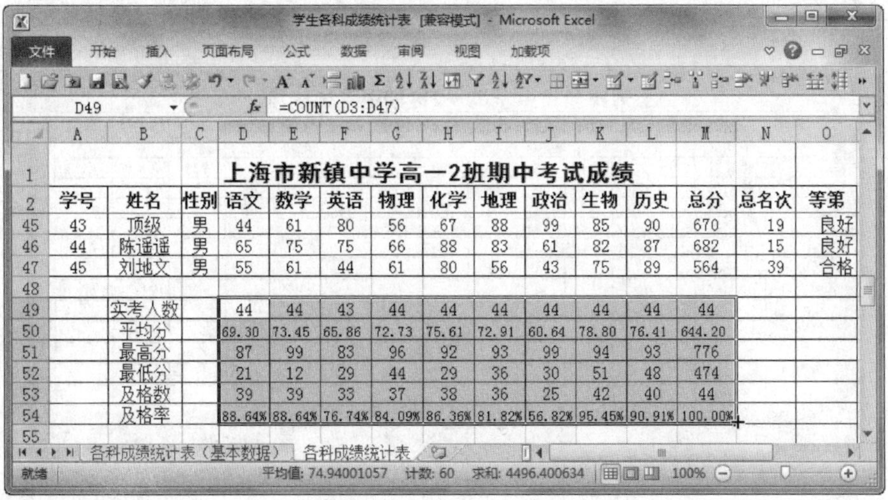

图 2-25

还可以利用函数 Large(array,k)求出数据中第 k 个最大值。利用函数：Small(array,k)求出数据中第 k 个最小值。如某单元格输入公式："＝Large(D3:D47,2)"，可以计算出语文的第二大值。

(5) 分数段统计公式

1) 在 D56 单元格中输入求小于 40 分的人数公式"＝COUNTIF(D3:D47,"＜40")"。函数"COUNTIF(D3:D47,"＜40")可以统计满足条件的单元格的个数，即小于 40 的单元格的个数。

2) 在 D57 单元格中输入求 40 分到 49 分的人数公式"＝COUNTIF(D3:D47,"＜50")-COUNTIF(D3:D47,"＜40")"。也可以用公式"＝COUNTIF(D3:D47,"＜50")－D56"。

3) 在 D58 单元格中输入求 50 分到 59 分的人数公式"＝COUNTIF(D3:D47,"＜60")-COUNTIF(D3:D47,"＜50")"。

4) 在 D59 单元格中输入求 60 分到 69 分的人数公式"＝COUNTIF(D3:D47,"＜70")-COUNTIF(D3:D47,"＜60")"。

5) 在 D60 单元格中输入求 70 分到 79 分的人数公式"＝COUNTIF(D3:D47,"＜80")-COUNTIF(D3:D47,"＜70")"。

6) 在 D61 单元格中输入求 80 分到 89 分的人数公式"＝COUNTIF(D3:D47,"＜90")-COUNTIF(D3:D47,"＜80")"。

7) 在D62单元格中输入求大于90分的人数公式“=COUNTIF(D3:D47,">90")”。

输入公式后的表格如图2-26所示。然后选中D56到D62单元格,向右拖动,把公式填充到其他单元格中。

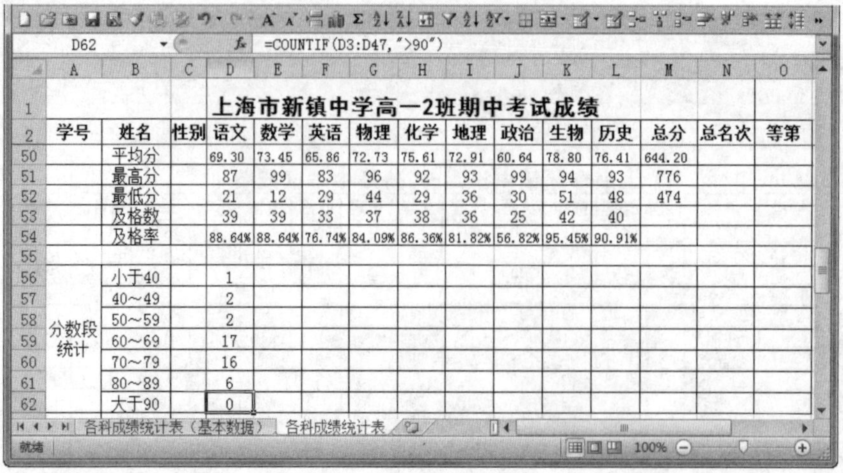
D62 =COUNTIF(D3:D47,">90")

	A	B	C	D	E	F	G	H	I	J	K	L	M	N	O
1				上海市新镇中学高一2班期中考试成绩											
2	学号	姓名	性别	语文	数学	英语	物理	化学	地理	政治	生物	历史	总分	总名次	等第
50		平均分		69.30	73.45	65.86	72.73	75.61	72.91	60.64	78.80	76.41	644.20		
51		最高分		87	99	83	96	92	93	99	94	93	776		
52		最低分		21	12	29	44	29	36	30	51	48	474		
53		及格数		39	39	33	37	38	36	25	42	40			
54		及格率		88.64%	88.64%	76.74%	84.09%	86.36%	81.82%	56.82%	95.45%	90.91%			
55															
56	分数段统计	小于40		1											
57		40~49		2											
58		50~59		2											
59		60~69		17											
60		70~79		16											
61		80~89		6											
62		大于90		0											

各科成绩统计表(基本数据)　各科成绩统计表

图2-26

8) 设置“分数段统计”文字格式。选中A56单元格,在“设置单元格格式”对话框的“对齐”选项卡中,在“方向”下面点击竖排文本框,使其变黑。参见图2-10。这样文字竖排且居中排列。

(6) 输入统计男、女生人数的函数公式

1) 在D63单元格中输入求男生人数的公式“="男生"&COUNTIF(C3:C47,"男")&"人"”。这是个使用文本连接符“&”的公式,在C3到C47单元格区间,统计含有“男”字的单元格数目,再通过文本连接符加上文字。

2) 在D64单元格中输入求女生人数的公式“="女生"&COUNTIF(C3:C47,"女")&"人"”。

3) 在D65单元格中输入求总人数的公式“="全班共"&COUNTA(C3:C47)&"人"”。函数“COUNTA”与“COUNT”是有区别的,前者是统计含有数值或文字的非空白单元格的数目,后者只是统计含有数值的单元格的数目。而函数“COUNTIF”是统计满足一定条件的单元格的数目。

输入公式后的文档如图2-27所示。然后再把单元格合并居中即可。

(7) 设置表格的条件格式

1) 设置数据区域的条件格式

① 选中D3到L47单元格区域(即所有数值区域),在“开始”选项卡的“样式”组中,点击“条件格式”按钮,再点击“新建规则”。如图2-28所示。

图 2-27

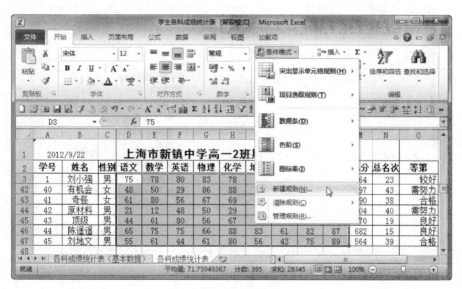

图 2-28

② 在"新建格式规则"对话框的"选择规则类型"中选择"只为包含以下内容的单元格设置格式",在"编辑规则说明"中设置"大于或等于""90",然后点击"格式"按钮。如图 2-29 所示。

③ 在弹出的"设置单元格格式"对话框的"字体"选项卡中,选中"字形"和"颜色",选择"加粗"和"红色"。如图 2-30 所示。

图 2-29

图 2-30

④ 在"设置单元格格式"对话框的"填充"选项卡中,选择一种需要填充的颜色。点击"确定"即可。如图 2-31 所示。

⑤ 设置完成第一种单元格格式后,再重新回到图 2-28 中点击"新建规则",可以重新设置新的单元格格式。在"新建格式规则"类型中,选择"只为包含以下内容的单元格设置格式",在"编辑规则说明"中设置成"小于""60",然后点击"格式"按钮。如图 2-32 所示。

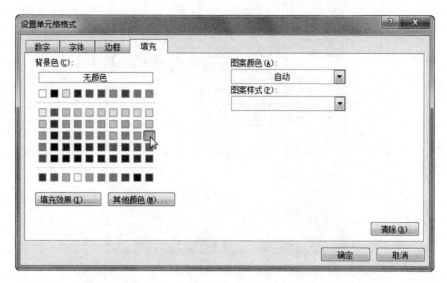

图 2-31

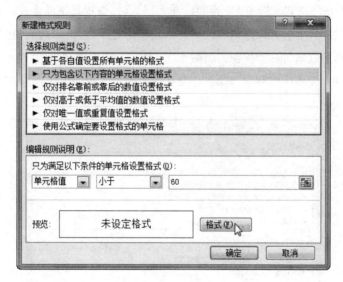

图 2-32

⑥ 在"设置单元格格式"对话框的"字体"选项卡中,选中"字形"和"颜色",选择"加粗"和"蓝色"。参见图 2-30。

⑦ 在"设置单元格格式"对话框的"填充"选项卡中,"背景色"选项框内选择一种填充的颜色。点击"确定"即可。参见图 2-31。

⑧ 为了能方便的显示没有数值的单元格,可以设置空单元格的格式。重新在"新建格式规则"对话框中,选择"只为包含以下内容的单元格设置格式",在"编辑规则说明"选项框中选中"空值",然后点击"格式"按钮。如图 2-33 所示。在弹出的"设置单元格格式"选项卡的"填充"选项卡中,设置空值的填充颜色。参见图 2-33。

87   第 2 章 班级教育教学管理应用实例

图 2-33

2)设置等级的条件格式。选中 O3 到 O47 单元格区域,设置其条件格式。重新在"新建格式规则"对话框中,选择"只为包含以下内容的单元格设置格式",在"编辑规则说明"中选中"等于",输入文字"优秀",然后点击"格式"按钮。如图 2-34 所示。然后在弹出的"设置单元格格式"对话框中"字体"选项卡中,设置字形和字体颜色。参见图 2-30。

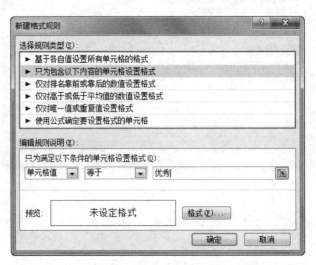

图 2-34

3)管理规则。在图 2-28 中点击"管理规则",在弹出的"条件格式规则管理器"对话框中,选择"当前工作表",可以看到本工作表中的所有条件格式。如图 2-35 所示。选中某一条件格式,点击"编辑规则",可以继续对该规则进行编辑修改,或者"删除规则",也可以在此"新建规则"。如图 2-35 所示。

图 2-35

(8) 输入日期函数

最后在 A1 单元格中输入日期函数"=TODAY()"。这样打开文档显示的就是当时的日期。

2.03 自动更新的学生成绩通知单

班级工作中,常常需要制作和打印学生成绩通知单。成绩单的预览效果如图 2-36 所示。为了便于每次的使用,"成绩表"与"自动更新成绩单"两个工作表间可以建立链接,当改变"成绩表"工作表中的数据时,"自动更新成绩单"工作表中的数据会随着"成绩表"中的数据的变化而变化。直接打印"成绩通知单"工作表中的数据,然后裁剪即可。下面说明制作的方法:

高一 1 班期中考试成绩通知单

学号	姓名	语文	数学	英语	物理	化学	政治	地理	总分	名次
0122	张大涛	58	59	43	36	38	58	42	334	25

高一 1 班期中考试成绩通知单

学号	姓名	语文	数学	英语	物理	化学	政治	地理	总分	名次
0123	朱汪凡	60	62	38	62	60	41	59	382	11

高一 1 班期中考试成绩通知单

学号	姓名	语文	数学	英语	物理	化学	政治	地理	总分	名次
0124	龚洋好	59	68	57	56	41	82	46	409	5

高一 1 班期中考试成绩通知单

学号	姓名	语文	数学	英语	物理	化学	政治	地理	总分	名次
0125	韦好蓝	51	78	68	69	53	38	53	410	4

高一1班期中考试成绩通知单

学号	姓名	语文	数学	英语	物理	化学	政治	地理	总分	名次
0126	张 辰	63	56	49	56	55	54	45	378	12

高一1班期中考试成绩通知单

学号	姓名	语文	数学	英语	物理	化学	政治	地理	总分	名次
0127	陆上良	64	63	35	67	23	51	40	343	21

高一1班期中考试成绩通知单

学号	姓名	语文	数学	英语	物理	化学	政治	地理	总分	名次
0128	刘小文	64	80	52	63	47	36	56	398	8

高一1班期中考试成绩通知单

学号	姓名	语文	数学	英语	物理	化学	政治	地理	总分	名次
0129	刘小强	52	62	41	52	31	62	43	343	21

高一1班期中考试成绩通知单

学号	姓名	语文	数学	英语	物理	化学	政治	地理	总分	名次
0130	李小二	59	81	72	74	35	55	71	447	2

高一1班期中考试成绩通知单

学号	姓名	语文	数学	英语	物理	化学	政治	地理	总分	名次
0131	杜二有	59	54	45	42	29	56	34	319	30

高一1班期中考试成绩通知单

学号	姓名	语文	数学	英语	物理	化学	政治	地理	总分	名次
0132	张 地	52	30	41	37	40	32	28	260	46

图 2-36

(1) 利用"选择性粘贴"使两个工作表的数据链接起来

1) 在"成绩表"工作表中选中所有数据,按下"Ctrl+C",复制工作表中的数据后,在"自动更新成绩单"工作表中粘贴。点击粘贴选项按钮"🗐 (Ctrl)▼",在下面的"其他粘贴选项"中,选择"粘贴链接"按钮。如图2-37所示。这样当"成绩表"中的数据发生变化时,成绩单的数据会相应自动变化。

2) 也可以在"开始"选项卡的左端点击"粘贴",在"其他粘贴选项"中,选择"粘贴链接"按钮。如图2-38所示。也可以点击下面的"选择性粘贴",又回到了原来的旧版本中,点击"粘贴链接"即可。如图2-39所示。

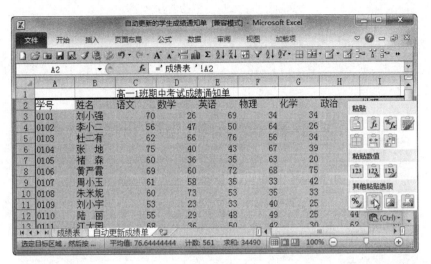

图 2-37

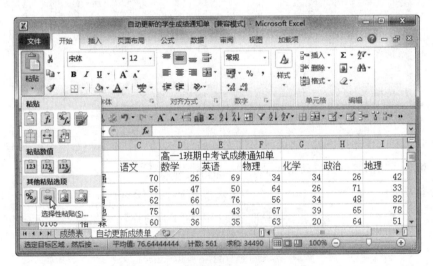

图 2-38

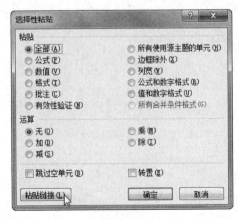

图 2-39

(2) 插入空行

1) 复制后的文档,可以调整列宽和设置文字格式。然后在 L3 和 L4 中分别输入 1 和 2,再选中 L3 和 L4 单元格,向下拖动到 L52 单元格中,这样 L3 到 L52 的单元格中就填充上了 1~50 的数字,如图 2-40 所示。

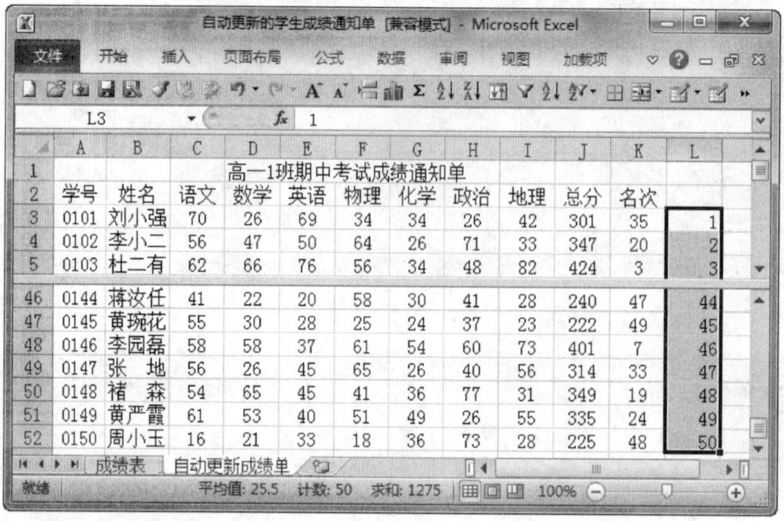

图 2-40

2) 在 L53 和 L54 中分别输入 1.5(1 和 2 之间的任意数值)和 2.5,再选中 L53 和 L54,向下拖到 L101。相应变化的数值会自动填充至 L101。如图 2-41 所示。

3) 选中 L3 到 L101 中任意单元格,在"数据"选项卡中的"排序和筛选"组中,点击"升序排序"按钮" ",如图 2-42 所示。或者点击快速访问工具栏中的"升序排序"按钮" ",插入相应的空行。

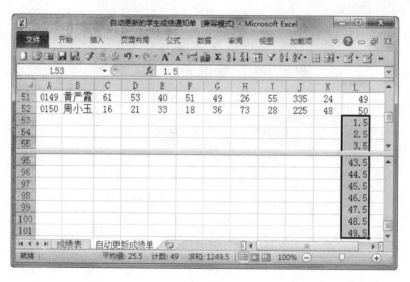

图 2-41

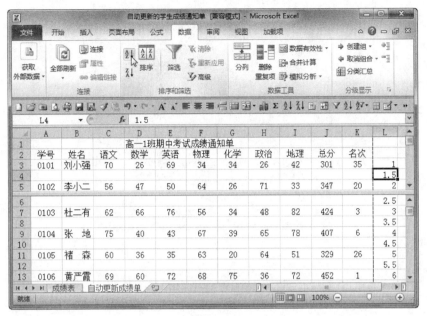

图 2-42

(3) 插入列标题

1) 选中 A2 到 K101 单元格,在"开始"选项卡中的"编辑"组中,点击"查找和选择"按钮,然后选中"定位条件"。如图 2-43 所示。

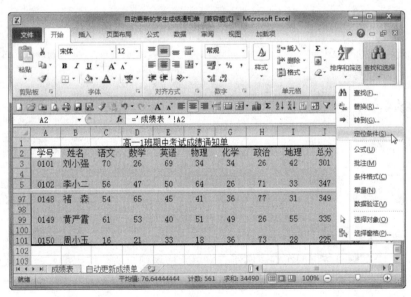

图 2-43

2) 在"定位条件"对话框中,选择"空值",如图 2-44 所示。

图 2-44

3) 空单元格被选中后,鼠标不要随便点击,直接在 A4 单元格中输入"=A$2"。如图 2-45 所示。

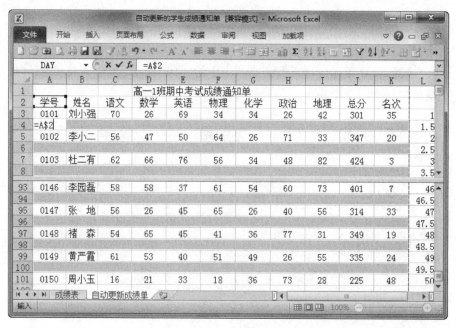

图 2-45

4) 在按下"Ctrl"键时按下回车键。则所有空单元格均相应的链接到第二行的单元格上。如图 2-46 所示。

(4) 插入成绩单标题

1) 填充序列数值。在 L102 和 L103 中分别输入 1.2 和 2.2(小数点后数值小于 5 即可),再选中 L102 和 L103,向下拖到 L150,则相应变化的数值会自动填充至 L150。如图 2-47 所示。

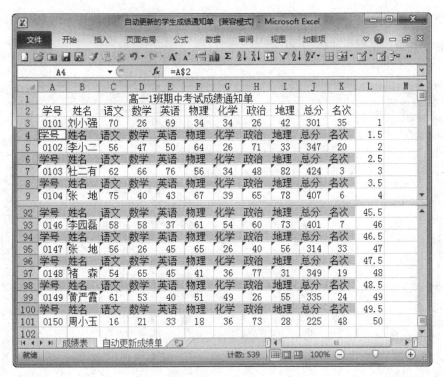

图 2-46

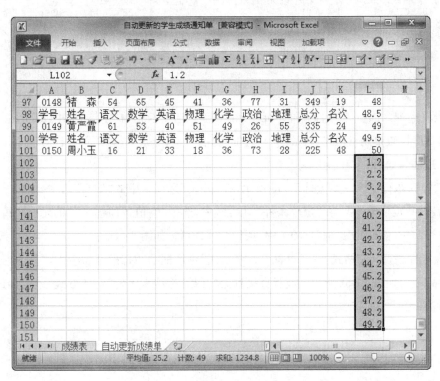

图 2-47

第 2 章 班级教育教学管理应用实例

2）插入空行。选中 L3 到 L150 中任意单元格，点击快速访问工具栏中的"升序排序"按钮""，插入相应的空行。如图 2-48 所示。

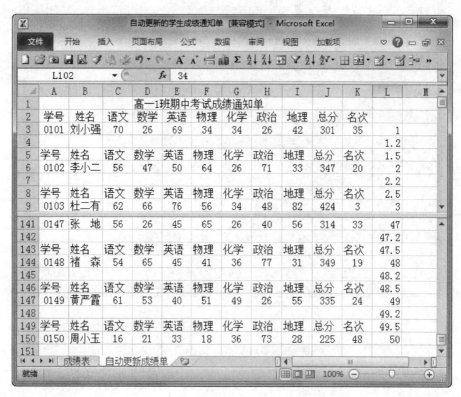

图 2-48

3）设置边框。选中 A2 到 K150 单元格，在"开始"选项卡中的"字体"组中，点击右下角对话框启动器，在"设置单元格格式"对话框的"边框"选项卡中，点击"外边框"、"内部"两个按钮，设置单元格的边框。如图 2-49 所示。

4）去掉标题行竖线。类同图 2-43 所示，在"开始"选项卡中的"编辑"组中，点击"查找和选择"，然后选中"定位条件"。在"定位条件"对话框中，选择"空值"，即选中空单元格。再回到"设置单元格格式"对话框的"边框"选项卡中，去掉竖线即可。如图 2-50 所示。

5）设置标题行文字格式。在"设置单元格格式"对话框的"对齐"选项卡中，"垂直对齐"选项框选择"靠下"。如图 2-51 所示。或者直接点击"开始"选项卡中的"对齐方式"组上面的"对齐"按钮"≡"即可。

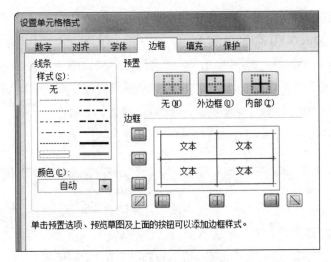

图 2-49

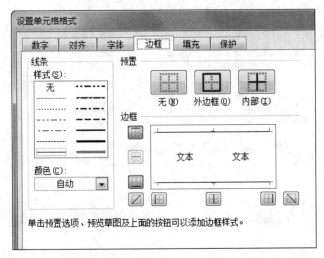

图 2-50

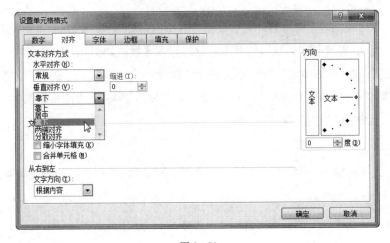

图 2-51

6) 在"开始"选项卡中的"单元格"组中,点击"格式",然后选中"行高",在行高框中输入"40",如图 2-52 所示。

7) 再选中 D4 到 D148 单元格,参照图 2-44 利用"定位"功能选中空值,此时在 D4 单元格中输入"=D$1",在按下 Ctrl 键时按下回车键。所有空单元格都链接到 D1 单元格中,在此可以调整文字的格式。并调整第一行的高度(行高 40)。如图 2-53 所示。

图 2-52

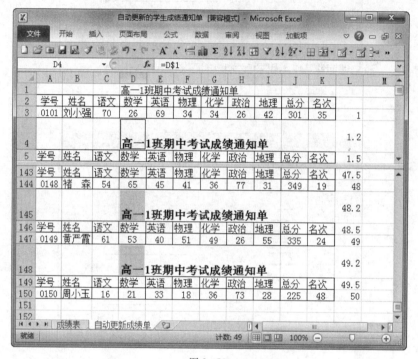

图 2-53

(5) 打印前的设置

1) 设置打印区域。选中需要打印的单元格,在"页面布局"选项卡中的"页面设置"组中,点击"打印区域",再点击"设置打印区域",则打印时只打印该区域。如图 2-54 所示。

2) 页面设置。在"页面布局"选项卡的"页面设置"组中,点击右下角的对话框启动器,在弹出的"页面设置"对话框的"页边距"选项卡中,设置页面的页边距,上下边距设置为"0.9",左右边距设置为"0.8","居中方式"选择"水平"。如图 2-55 所示。

3) 预览文档

① 点击文档下面状态栏中的"页面布局"按钮" ",可以看到文档的页面布局。如图 2-56 所示。

② 打印预览。在文档上面点击"文件"菜单进入后台视图,再点击"打印"选项卡,在右边可以

看到文档的打印效果图,点击右下角的页面缩放按钮" ",可以看到不同大小的预览图,预览效果,如图 2-57 所示。

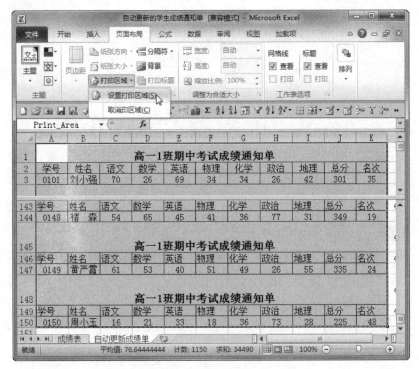

图 2-54

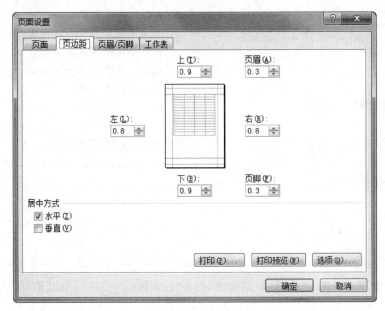

图 2-55

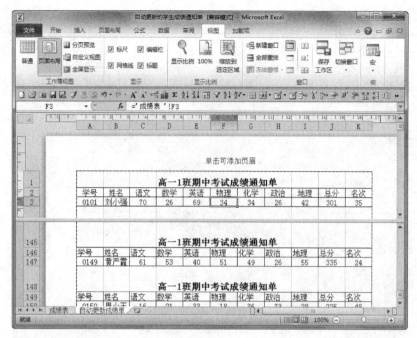

图 2-56

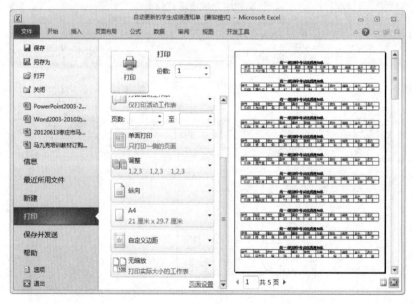

图 2-57

4) 去除文档上端的横线

如果在预览和打印时发现第 2 页及后面的页面上端出现一条横线,可以用下面的方法去掉。

① 在"视图"选项卡的"工作簿视图"组中,点击"分页预览"按钮(分页预览可以清晰地看到分页线及打印的区间),这里可以看到分页线在 33 与 34 行之间。如图 2-58 所示。

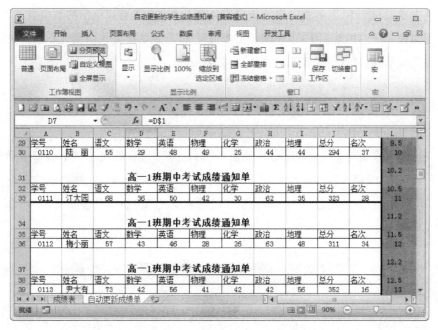

图 2-58

② 这时选中 A34 到 K34 区域的单元格,在"开始"选项卡的"字体"组中,点击右下角的对话框启动器,在弹出的"设置单元格格式"对话框中的"边框"选项卡中,把上面的一条边框线去掉。如图 2-59 所示。接着再选中 A33 到 K33 区域的单元格,在"边框"选项卡中,把下面的一条边框线添上即可。其他页面同理进行类同的设置。

图 2-59

101　第 2 章　班级教育教学管理应用实例

这种学生成绩通知单，当成绩表中的数值发生变化时，成绩通知单中的数值发生相应变化，改变第一行和第二行的标题文字，表中的相应单元格的文字也发生相应变化。这种方法不仅可以制作学生成绩单，也可以制作职工工资条，方法类同。

2.04 班主任学生成绩分析统计表

班主任工作常常要对学生每次考试成绩进行统计分析，统计每次考试全班每个学科的平均分、最高分、最低分、及格人数和及格率，还需要统计各分数段的人数，这样的成绩分析统计表制成以后，上述各项统计分析可以自动生成。制成后的学生成绩分析统计表如图 2 - 60 所示。制作方法如下：

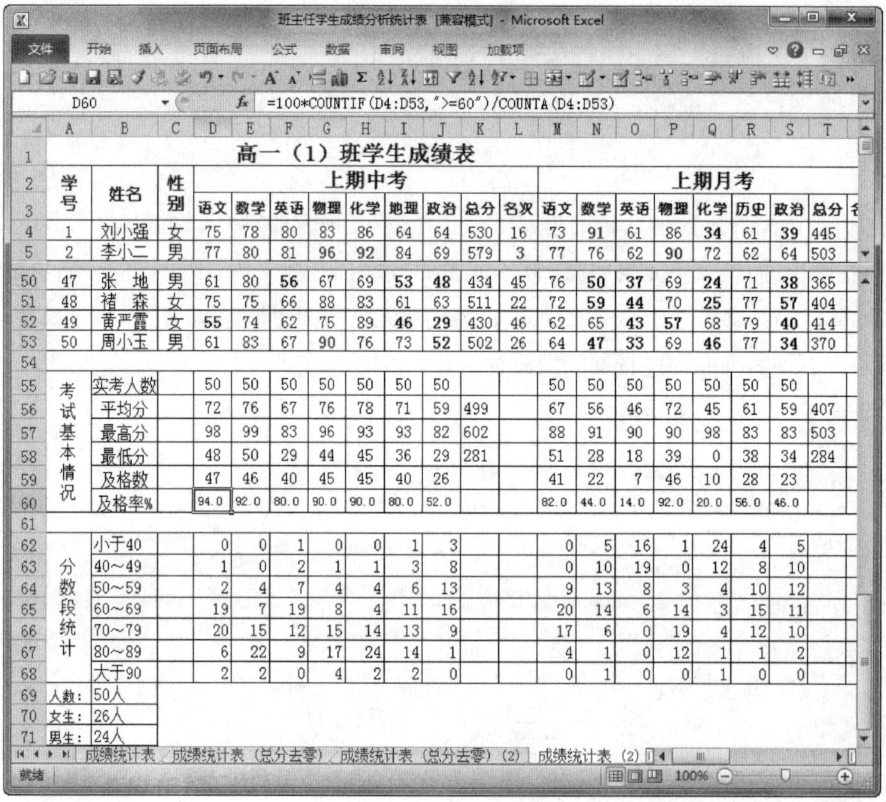

	A	B	C	D	E	F	G	H	I	J	K	L	M	N	O	P	Q	R	S	T
1	高一（1）班学生成绩表																			
2	学号	姓名	性别	上期中考									上期月考							
3				语文	数学	英语	物理	化学	地理	政治	总分	名次	语文	数学	英语	物理	化学	历史	政治	总分
4	1	刘小强	女	75	78	80	83	86	64	64	530	16	73	91	61	86	34	61	39	445
5	2	李小二	男	77	80	81	96	92	84	69	579	3	77	76	62	90	72	62	64	503
50	47	张　地	男	61	80	56	67	69	53	48	434	45	76	50	37	69	24	71	38	365
51	48	褚　森	女	75	75	66	88	83	61	63	511	22	72	59	44	70	25	77	57	404
52	49	黄严霞	女	55	74	62	75	89	46	29	430	46	62	65	43	57	68	79	40	414
53	50	周小玉	男	61	83	67	90	76	73	52	502	26	64	47	33	69	46	77	34	370
54																				
55	考试基本情况	实考人数		50	50	50	50	50	50	50			50	50	50	50	50	50	50	
56		平均分		72	76	67	76	78	71	59	499		67	56	46	72	45	61	59	407
57		最高分		98	99	83	96	93	93	82	602		88	91	90	90	98	83	83	503
58		最低分		48	50	29	44	45	36	29	281		51	28	18	39	0	38	34	284
59		及格数		47	46	40	45	45	40	26			41	22	7	46	10	28	23	
60		及格率%		94.0	92.0	80.0	90.0	90.0	80.0	52.0			82.0	44.0	14.0	92.0	20.0	56.0	46.0	
61																				
62	分数段统计	小于40		0	0	1	0	0	1	3			0	5	16	1	24	4	5	
63		40～49		1	0	2	1	1	3	8			0	10	19	0	12	8	10	
64		50～59		2	4	7	4	4	6	13			9	13	8	3	4	10	12	
65		60～69		19	7	19	8	4	11	16			20	14	6	14	3	15	11	
66		70～79		20	15	12	15	14	13	9			17	6	0	19	4	12	10	
67		80～89		6	22	9	17	24	14	1			4	1	0	12	1	1	2	
68		大于90		2	2	0	4	2	2	0			0	1	0	0	1	0	0	
69	人数：	50人																		
70	女生：	26人																		
71	男生：	24人																		

图 2 - 60

(1) 制作表格

1) 输入单元格内容，并设置格式。打开空白 Excel 表格，将 A1 和 A2、B1 和 B2、C1 和 C2 及 D1 到 L1 单元格合并，选中 A1 和 C1 单元格设置成竖排文字。竖排文字的设置方法参见图 2 - 10。

2) 设置文字格式。A1 到 C1 单元格为"12"号字"加粗",D1 单元格为"14"号"加粗",D2 到 L2 为"10"号"加粗"。选中 D 列到 L 列,在"开始"选项卡的"单元格"组中点击"格式"按钮,然后选中"列宽",设置列宽为"5",并适当设置 A、B 和 C 列的列宽。设置成如图 2-61 所示的表格。

图 2-61

(2) 设置表格边框

选中 A1 到 L52 单元格区域,在"开始"选项卡的"对齐方式"组中,点击右下角的对话框启动器。在弹出的"设置单元格格式"对话框的"边框"选项卡中,选中预置的"外边框"和"内部"按钮。如图 2-62 所示。

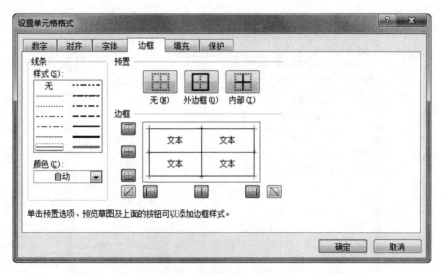

图 2-62

(3) 设置单元格条件格式

1) 选中 D3 到 J52 单元格区域,在"开始"选项卡的"样式"组中,选中"条件格式",点击"新建规则"。如图 2-63 所示。

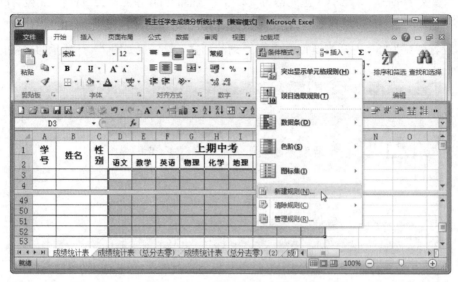

图 2-63

2) 在弹出的"新建格式规则"对话框的"选择规则类型"中选择"只为包含以下内容的单元格设置格式",在"编辑规则说明"中设置"大于或等于""90",然后点击"格式"按钮。如图 2-64 所示。

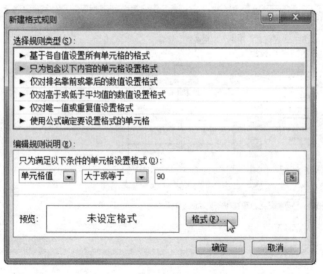

图 2-64

3) 在"设置单元格格式"对话框的"字体"选项卡中,选择"字形"和文字的"颜色"。选择"加粗"和"红色"。如图 2-65 所示。其他单元格的格式规则进行类同的设置。

图 2-65

(4) 输入分数求和及名次公式

1) 在 K3 单元格中输入求和公式"=SUM(D3:J3)"。或者当光标置于 K3 单元格时直接点击工具栏的求和按钮"Σ"，然后再用鼠标选中 D3 到 J3 单元格，再打回车。

2) 在"名次"下面的 L3 单元格中输入排序公式"=RANK(K3,$K$3:$K$52)"（单元格区间要用绝对引用）。如图 2-66 所示。

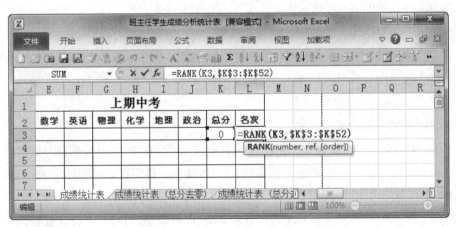

图 2-66

105　　第 2 章　班级教育教学管理应用实例

3) 然后选中 K3 和 L3 单元格,用鼠标向下拖动,进行单元格公式的填充。如图 2-67 所示。

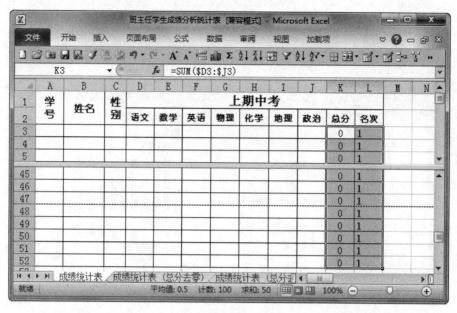

图 2-67

(5) 输入成绩分析及统计公式

输入考试基本情况统计的有关文字,然后输入相关的统计公式。

1) 在 D54 单元格中输入求含有数值的单元格个数的统计公式"=COUNTA(D＄3:D52)"。

2) 在 D55 单元格中输入求平均分公式"=AVERAGE(D＄3:D52)"。

3) 在 D56 单元格中输入查找最高分公式"=MAX(D＄3:D52)"。

4) 在 D57 单元格中输入查找最低分公式"=MIN(D＄3:D52)"。

5) 在 D58 单元格中输入查找大于 60 分的人数公式"=COUNTIF(D＄3:D52,">=60")"。

6) 在 D59 单元格中输入求及格率公式(大于 60 分的人数与总人数的比值):"=COUNTIF(D＄3:D52,">=60")/COUNTA(D＄3:D52)"。如图 2-68 所示。也可以输入公式"=COUNTIF(D＄3:D52,">=60")/D54。

(6) 设置及格率的单元格格式

选中 D59 单元格,在"设置单元格格式"对话框中的"数字"选项卡的"分类"中选择"百分比",再选择"小数位数"。如图 2-69 所示。点击"确定"后,此单元格的数值将带上百分比符号"%"。

(7) 复制填充

选中 D54 到 D59 区域,将光标置于该区域右下角,向右拖动,即将所有公式复制到相应单元格中。如图 2-70 所示。再选中 J55 到 J57 三个单元格,向右复制到"总分"列的下面。接着,选中 A54 到 L59 单元格区域,设置该区域的边框。

图 2-68

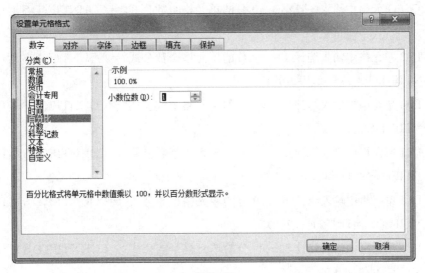

图 2-69

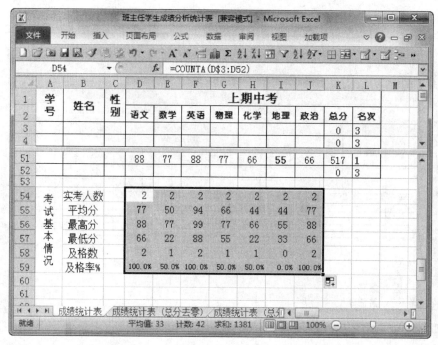

图 2-70

(8) 输入分数段统计公式

输入分数段统计的有关文字,然后输入统计公式。

1) 在 D61 单元格中输入统计小于 40 分的单元格个数公式"=COUNTIF(D＄3:D＄52,"＜40")"。

2) 在 D62 单元格中输入统计 40～49 分的单元格个数公式"=COUNTIF(D＄3:D＄52,"＜50")-COUNTIF(D＄3:D＄52,"＜40")"。

3) 在 D63 单元格中输入统计 50～59 分的单元格个数公式"=COUNTIF(D＄3:D＄52,"＜60")-COUNTIF(D＄3:D＄52,"＜50")"。

4) 在 D64 单元格中输入统计 60～69 分的单元格个数公式"=COUNTIF(D＄3:D＄52,"＜70")-COUNTIF(D＄3:D＄52,"＜60")"。

5) 在 D65 单元格中输入统计 70～79 分的单元格个数公式"=COUNTIF(D＄3:D＄52,"＜80")-COUNTIF(D＄3:D＄52,"＜70")"。

6) 在 D66 单元格中输入统计 80～89 分的单元格个数公式"=COUNTIF(D＄3:D＄52,"＜90")-COUNTIF(D＄3:D＄52,"＜80")"。

7) 在 D67 单元格中输入统计大于 90 分的单元格个数公式"=COUNTIF D＄3:D＄52,"＞90")"。

复制填充。选中 D61 到 D67 单元格区域,光标置于该区域右下角,向右拖动,即将所有公式复制到相应单元格中。再选中 A61 到 L67 单元格区域，设置该区域的边框。如图 2－71 所示。

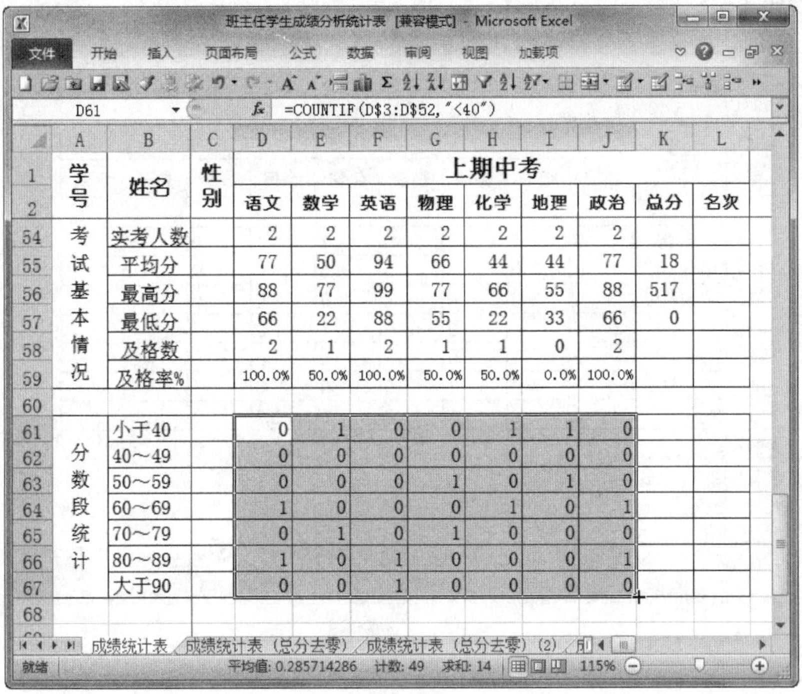

	A	B	C	D	E	F	G	H	I	J	K	L
1	学号	姓名	性别	上期中考								
2				语文	数学	英语	物理	化学	地理	政治	总分	名次
54	考试基本情况	实考人数		2	2	2	2	2	2	2		
55		平均分		77	50	94	66	44	44	77	18	
56		最高分		88	77	99	77	66	55	88	517	
57		最低分		66	22	88	55	22	33	66	0	
58		及格数		2	1	2	1	1	0	2		
59		及格率%		100.0%	50.0%	100.0%	50.0%	50.0%	0.0%	100.0%		
60												
61	分数段统计	小于40		0	1	0	0	1	1	0		
62		40～49		0	0	0	0	0	0	0		
63		50～59		0	0	0	1	0	1	0		
64		60～69		1	0	0	0	1	0	1		
65		70～79		0	1	0	1	0	0	0		
66		80～89		1	0	1	0	0	0	1		
67		大于90		0	0	1	0	0	0	0		
68												

图 2－71

(9) 总人数、男、女人数的统计公式

1）在 B68 单元格中输入统计总人数的公式“＝COUNTA(＄B＄3:＄B52)&"人"”。

2）在 B69 单元格中输入统计女生人数的公式“＝COUNTIF(＄C＄3:＄C＄52,"女")&"人"”。

3）在 B70 单元格中输入统计男生人数的公式“＝COUNTIF(＄C＄3:＄C＄52,"男")&"人"”。公式输入后的结果如图 2－72 所示。

(10) 多列复制

选中 D 到 L 列(要选中列标题)，按下“Ctrl＋C”，再点击 M 列后，按下“Ctrl＋V”，复制已经设置好格式的列，连续复制若干次，并更改第一行中的标题名称。得到如图 2－73 所示的表格。最后在最上面再插入一行，加上标题文字，并设置文字格式。即得到图 2－60 所示的表格。

(11) 零值时不显示“0”

1）可以重新设置求总分的函数，使总分为零时不显示出“0”，在 K4 单元格中输入公式“＝IF(SUM(D4:J4)＝0,"",SUM(D4:J4))”，公式的含义是：当 D4 到 J4 区域内求和等于零时，显示为空，否则对 D4 到 J4 单元格执行求和运算。得到的表格如图 2－74 所示。在“名次”列中，当总分显示为空时，“名次”列中的单元格显示为“＃VALUE!”。当输入学科分数时，“总分”和“名次”将自动显示出相应数值。

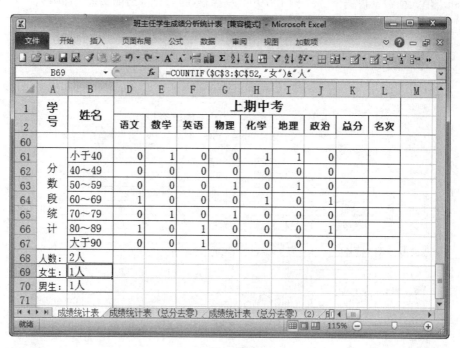

图 2-72

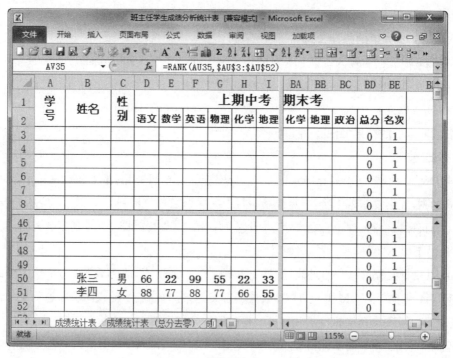

图 2-73

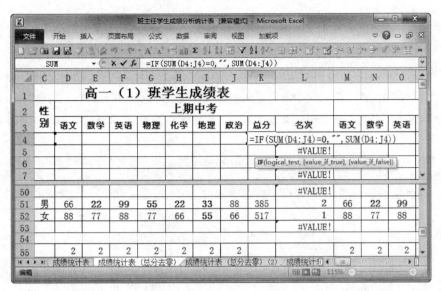

图 2-74

2) 为了在总分显示为空时,名次也显示为空,在 L4 单元格的名次项中输入公式"=IF(K4="","",RANK(K4,$K$4:$K$53))",然后向下拖动进行单元格公式的填充,这样当"总分"列中的数值为空时,则名次项显示为空,否则显示名次的数值。如图 2-75 所示。

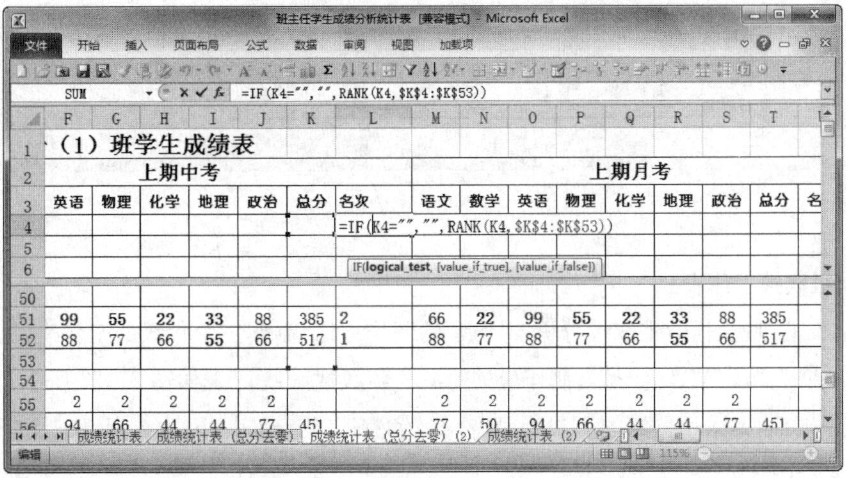

图 2-75

2.05 学生历次考试成绩查询表

学生每次考试后,班主任都要将学生成绩存档待查,纸质档案的查找非常不便,即使是电子档案，如果在不同Excel文件中分开保存，很难对每次成绩进行对比分析，本实例是将每次考试成绩保存在同一工作簿的不同工作表中，通过函数引入到同一工作表中，当输入学生姓名(或将名字复制)时，该生的每次考试的各科成绩都能够自动显示出来。如图 2-76 所示，当在姓名栏中，输入学生姓名“潘小强”时，该生的三年中每次考试的各科成绩全部都显示了出来。此表作成后，可以重复使用，下一届学生只需要把学生姓名重新复制到相应工作表中，并重新输入相应成绩即可。

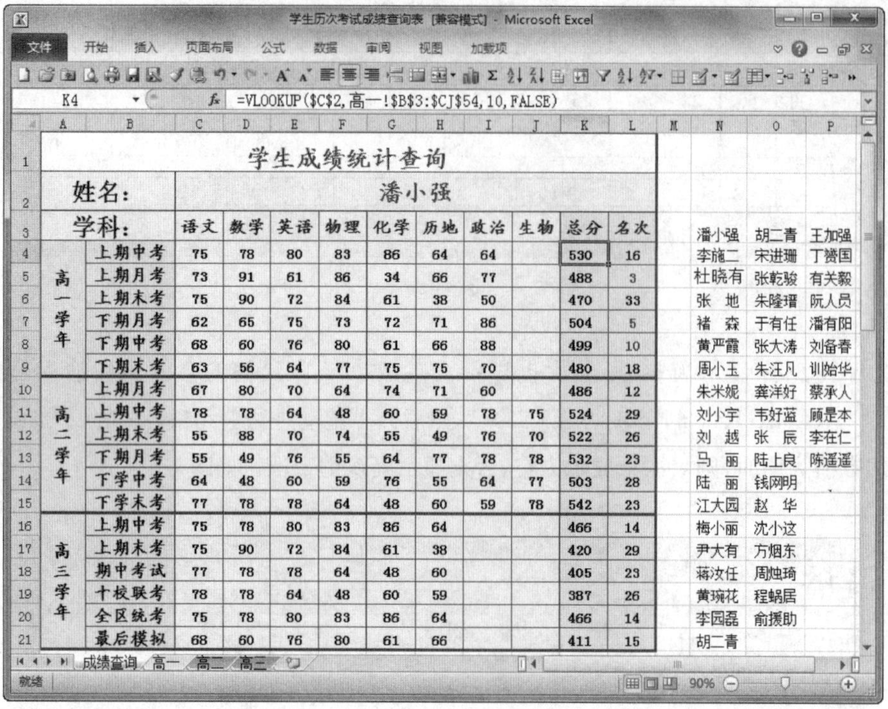

学生成绩统计查询

姓名：		潘小强											
学科：		语文	数学	英语	物理	化学	历地	政治	生物	总分	名次		
高一学年	上期中考	75	78	80	83	86	64	64		530	16	潘小强	胡二青	王加强
	上期月考	73	91	61	86	34	66	77		488	3	李施二	宋进珊	丁赞国
	上期末考	75	90	72	84	61	38	50		470	33	杜晓有	张乾骏	有关毅
	下期月考	62	65	75	73	72	71	86		504	5	张　地	朱隆瑨	阮人员
	下期中考	68	60	76	80	61	66	88		499	10	褚　森	于有任	潘有阳
	下期末考	63	56	64	77	75	75	70		480	18	黄严霞	张大涛	刘备春
高二学年	上期月考	67	80	70	64	74	71	60		486	12	周小玉	朱汪凡	训贻华
	上期中考	78	78	64	48	60	59	78	75	524	29	朱米妮	龚洋好	蔡承人
	上期末考	55	88	70	74	55	49	76	70	522	26	刘小宇	韦好蓝	顾是本
	下期月考	55	49	76	55	64	77	78	78	532	23	刘　越	张　辰	李在仁
	下学中考	64	48	60	59	76	55	64	77	503	28	马　丽	陆上良	陈遥遥
	下学末考	77	78	78	64	48	60	59	78	542	23	陆　丽	钱网明	
高三学年	上期中考	75	78	80	83	86	64			466	14	江大园	赵　华	
	上期末考	75	90	72	84	61	38			420	29	梅小丽	沈小这	
	期中考试	77	78	78	64	48	60			405	23	尹大有	方烟东	
	十校联考	78	78	64	48	60	59			387	26	蒋汝任	周烛琦	
	全区统考	75	78	80	83	86	64			466	14	黄琬花	程蜗居	
	最后模拟	68	60	76	80	61	66			411	15	李园磊	俞援助	
												胡二青		

图 2-76

(1) 制作年级成绩工作表

按照前面的“班主任学生成绩分析统计表”的制作方法，制作三个年级的工作表，工作表的名称分别为“高一”、“高二”、“高三”。制作成的“高一”年级成绩统计表如图 2-77 所示。注意：“高一”工作表制成后，要采用复制的方法得到“高二”和“高三”工作表，因为要保证三个工作表内的姓名和格式完全一致。

(2) 制作“成绩查询”工作表

1) 制作表格

① 标题行从 A1 到 L1 单元格合并，字体设置为“楷体_GB2312”、“20”号“加粗”，A2 与 B2 单元格合并，A3 与 B3 单元格合并，分别输入“姓名”、“学科”，字体均设置为“宋体”、“20”号“加粗”，“高一学年”及“语文”等文字均设置为“楷体_GB2312”、“14”号“加粗”。

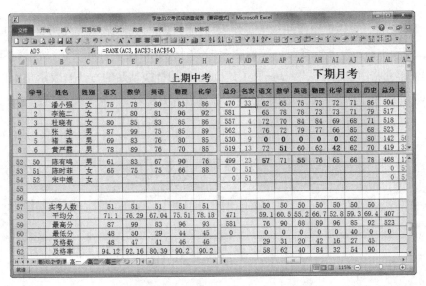

图 2-77

② 填充单元格底纹颜色。在"开始"选项卡的"字体"组中,选择单元格的填充颜色。单元格底纹颜色可以分别设置为"浅黄"和"浅绿"。制作的表格如图 2-78 所示。

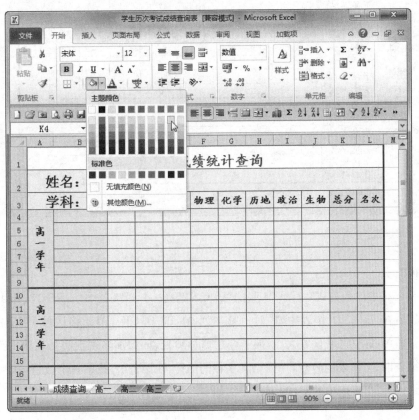

图 2-78

2）工作表间建立链接。三个年级的工作表与"成绩查询"工作表彼此之间建立链接。为了使在各年级工作表中输入考试名称时，在"成绩查询"工作表中，能够自动变化，所以在"成绩查询"工作表的 B4 单元格中输入公式"＝高一！C1"（可以采用链接粘贴的方法），表示是引用了"高一"工作表中 C1 单元格中内容。在 B 列中的其他各项输入方法类同，输入完成后的工作表如图 2-79 所示。

图 2-79

(3) 输入函数

在 C4 单元格中输入公式"＝VLOOKUP（＄C＄2,高一！＄B＄3：＄CJ＄54,3,FALSE)"。该公式的含义是：在"高一"工作表中，B 列为第一列，在 B3 到 CJ54 单元格区域中（实际上 B3 到 BE54 单元格即可，这里区域设置大点，便于今后增加项目，如增加名次项目），在第一列（B列）中寻找与"成绩查询"工作表中的 C2 单元格名字相同的行，在该行中，找第三个数值(D3)，这个数值出现在"成绩查询"工作表中的 C4 单元格中。如图 2-80 所示。

图 2-80

1) 上述函数也可以采用插入的方法进行输入。在"成绩查询"工作表中,光标置于 C4 单元格中,在"公式"选项卡的"函数库"组中,点击"插入函数"按钮,找到查找函数"VLOOKUP",在"函数参数"对话框中,光标置于"Lookup_value"中,点击一下"成绩查询"工作表中的 C2 单元格,光标再置于"Table_array"的输入框中,点击"高一"工作表标签,切换到"高一"工作表,用鼠标选中 B3 到 CJ54 区域,在"Col_index_num"中输入"3",即 B 为第 1 列时,D 为第 3 列,再在"Range_lookup"中输入"FALSE"。由于该引用作为绝对引用,光标在置于"Lookup_value"和"Table_array"的填充框中时按下"F4",可以把相对引用变为绝对引用。如图 2-81 所示。

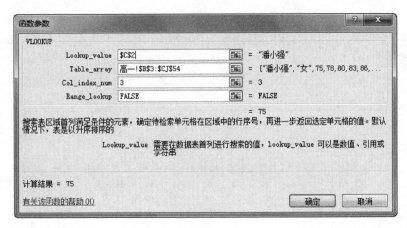

图 2-81

2) 复制公式。选中 C4 单元格,向下拖动,填充到 C9 单元格,再选中 C4 到 C9 区域,向右拖动,一直从 C4 填充到 L9 单元格,如图 2-82 所示。由于公式中单元格的引用是绝对引用,所以所有单元格中填充的数据相同。

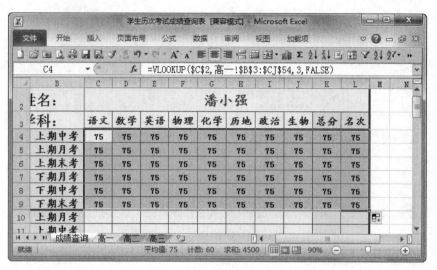

图2-82

3）修改单元格中的公式。对照图2-77中高一工作表中的数据，修改引用的数据。在"成绩查询"工作表中，D4单元格中的公式改为"＝VLOOKUP（＄C＄2,高一!＄B＄3:＄CJ＄54,4,FALSE）"，即第三项的"3"改为"4"，E4单元格中的公式改为"＝VLOOKUP（＄C＄2,高一!＄B＄3:＄CJ＄54,5,FALSE）"，即第三项的"3"改为"5"，……，C5单元格中的公式改为"＝VLOOKUP（＄C＄2,高一!＄B＄3:＄CJ＄54,12,FALSE）"，……，依次类推。"高一"学年全部修改完后如图2-83所示。

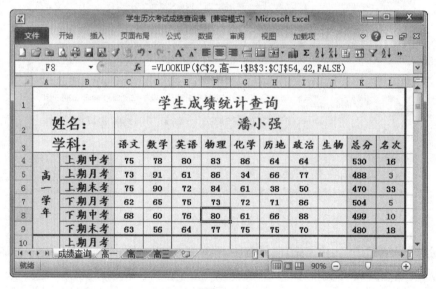

图2-83

4）高二和高三学年各科成绩的查找引用方法与前面高一查找引用的操作方法类同。由于"成绩查询"工作表中输入的学生姓名要求准确无误，所以可以采用复制的方法，即将图 2-77 中 B 列的学生姓名复制到成绩查询工作表中 M 列右边附近如 N 列，需要查找哪个学生的成绩，只需将该学生的名字复制到 C2 单元格姓名栏里，该生的成绩自动出现。下面介绍利用"数据有效性"更加方便地输入学生姓名。

① 先将"高一"工作表中的 B 列中的姓名复制到 N3 到 N54 单元格中，选中准备输入学生姓名的 C2 单元格，在"数据"选项卡的"数据工具"组中，选中"数据有效性"，如图 2-84 所示。

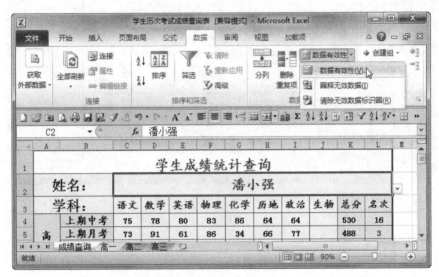

图 2-84

② 在"数据有效性"对话框的"设置"选项卡，"有效性条件"的"允许"中选择"序列"，"来源"选择 N3 到 N54 单元格，如图 2-85 所示。在光标置于"来源"下面时，用鼠标从 N3 拖到 N54，则可自动填充上公式"=＄N＄3:＄N＄54"。

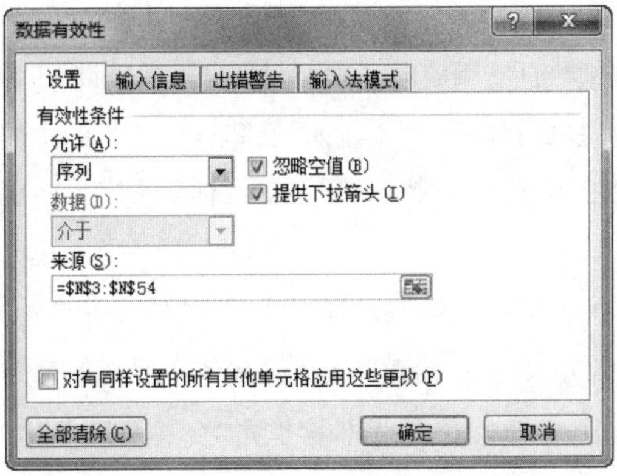

图 2-85

③ 在查询时,点击姓名单元格右边的下拉按钮,再点击不同的学生姓名即可显示出该学生全部的考试成绩。如图 2-86 所示。这样当"高一"工作表中的 B 列中的学生姓名发生变化时,这里会自动更新。

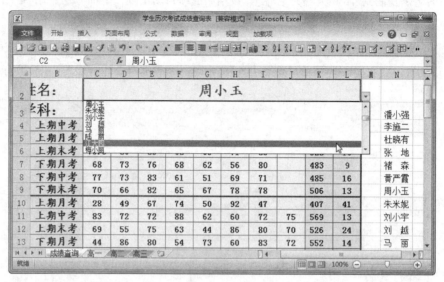

图 2-86

2.06 学生成绩变化分析图表

为了能形象直观地反映学生成绩的变化情况,除了利用上面工作表的数据外,还可以根据上面的数据制作成图表,更加形象直观地反映出学生学习情况的变化,以便于对学生进行有针对性的教育。制成的图表如图 2-87 所示。点击不同的学生姓名可以看到该学生所有的考试成绩。该图表的制作方法如下:

(1) 复制修改工作表

1) 在图 2-86 学生成绩统计查询表的基础上,复制"成绩查询"工作表。选中工作表标签,按下"Ctrl"键,用鼠标向右拖动,复制出一个名称为"成绩查询(2)"的工作表,用鼠标拖动工作表标签,可以改变该工作表在各工作表中的排列位置。更改标题文字为"成绩变化分析图表",合并 E1 到 I1 单元格。如图 2-88 所示。

2) 改变原学生姓名"周小玉"单元格的位置。选中原来 C2 单元格"周小玉",在"开始"选项卡的"对齐方式"组中,点击"合并及居中"按钮" ",撤销单元格的合并。再拖动 C2 单元格中的"周小玉",放在 C1 单元格中,再选中 C1 和 D1,再点击"合并及居中"按钮,使 C1 和 D1 单元格合并。选中第一行的有关单元格,在"开始"选项卡的"对齐方式"组中,点击右下角的对话框启动

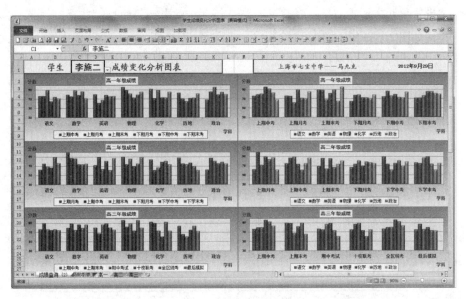

图 2-87

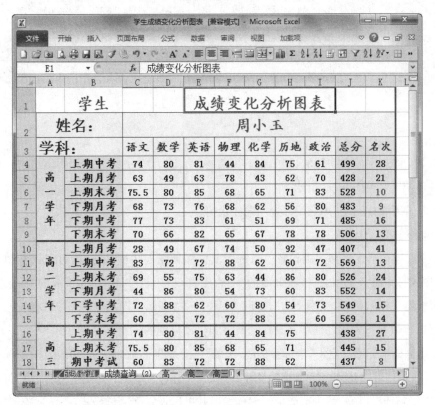

图 2-88

器,在弹出"设置单元格格式"对话框的"对齐"选项卡中,点击"垂直对齐"选择"居中",再设置文字格式。得到如图2-89所示的工作表。

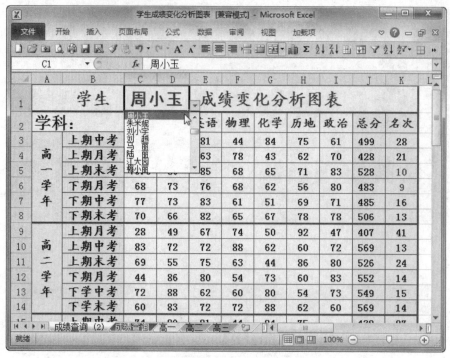

图2-89

(2) 插入图表

1) 选中工作表中的数据区域,如B2到I8,在"插入"选项卡的"图表"组中,点击"柱形图",选择"二维柱形图"。如图2-90所示。

2) 插入的图表如图2-91所示,为二维柱状图。

(3) 插入标题及格式的设置

1) 图表标题的插入及格式的设置。通过用鼠标拖动图表边框的方法,可以调整图表的大小和位置。用鼠标点击一下图表区,在上面的"图表工具"栏中,在"布局"选项卡的"标签"组中,再点击"图表标题"按钮,选中"图表上方"选项。如图2-92所示。即可在图表上方插入一个图表标题,这里可以直接在图表标题框中修改标题文字和移动标题的位置。

2) 设置坐标轴标题。点击"坐标轴标题"中的"主要纵坐标轴标题",再点击"横排标题"选项。如图2-93所示。即可插入一个横排的坐标轴标题。用鼠标拖动可以调整标题的位置,设置标题的文字格式。同理可以插入"主要横坐标轴标题",并可以设置文字的格式,调整标题的位置。

3) 插入了坐标轴标题文字并设置了文字格式后的图表。如图2-94所示。

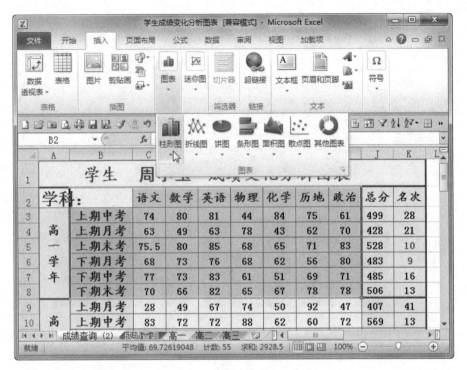

图 2-90

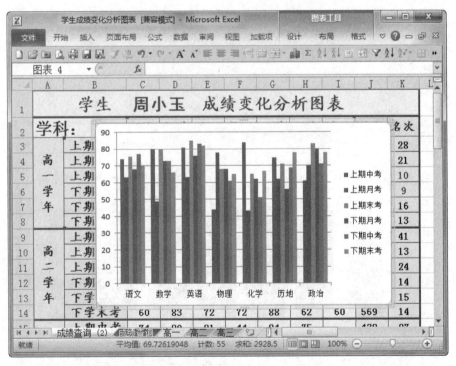

图 2-91

第 2 章 班级教育教学管理应用实例

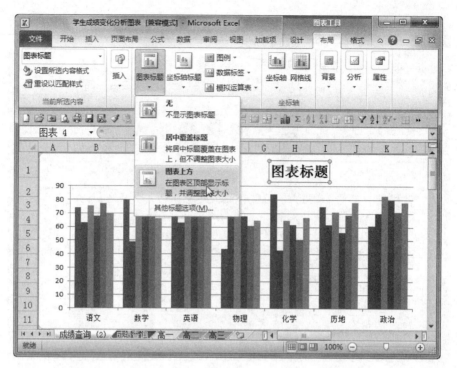

图 2-92

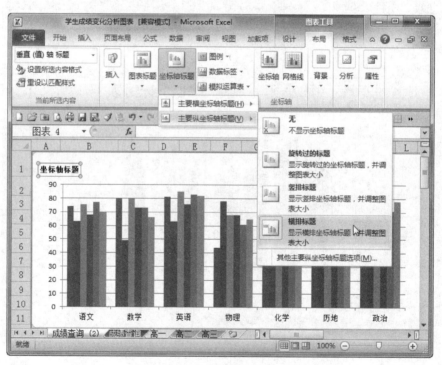

图 2-93

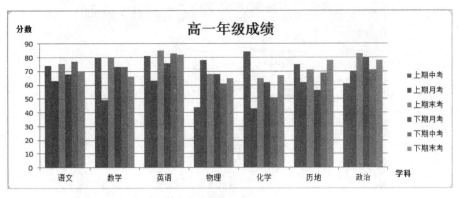

图 2-94

(4) 设置图表的格式

可以对图表的标题、坐标轴、图表区、图例位置等项目进行设置。

1) 设置图表标题格式

① 选中标题文字边框右击,利用上面的工具栏可以设置图表文字的格式,如字体、字号、加粗及对齐等格式。点击下面的"设置图表标题格式"可以得到"设置图表标题格式"对话框。如图 2-95 所示。

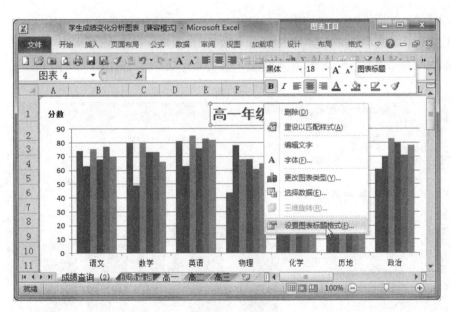

图 2-95

② 在弹出的"图表标题格式"对话框中的"填充"选项卡中,可以设置"填充"的选项。如图 2-96 所示。还可以设置"边框颜色"、"边框样式"等项目。

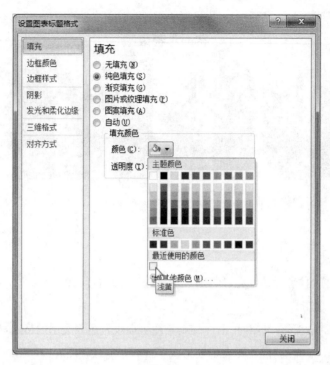

图 2-96

2）设置坐标轴格式

① 设置坐标轴文字格式。选中纵坐标标题数值，点击鼠标右键，在弹出的对话框内，可以设置文字的字体、字号及颜色等项目，在这里选中"设置坐标轴格式"，如图 2-97 所示。

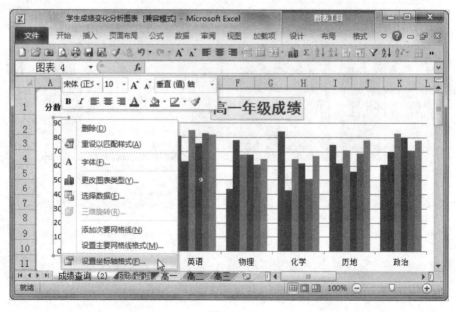

图 2-97

② 设置纵坐标轴文字格式。在前面点击"设置坐标轴格式"后弹出的"设置坐标轴格式"对话框内"坐标轴选项"选项卡中，可以固定"最小值"和"最大值"，如果学生分数都大于 30 分，可以设置刻度的"最小值"为"30"，"最大值"为"100"，其他项可以默认。如图 2-98 所示。还可以在此设置"数值"、"对齐方式"等选项。

图 2-98

③ 设置图例格式。在如图 2-94 所示的图表区域内单击鼠标右键，在弹出的对话框内点击"设置图表区域格式"，在弹出的"设置图例格式"对话框中的"图例选项"中，选择"图例位置"为"底部"。如图 2-99 所示。也可以在此设置"填充"和"边框颜色"等选项。

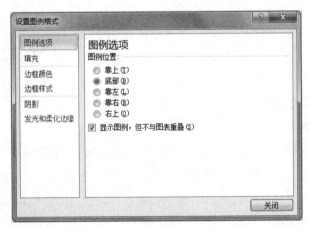

图 2-99

3) 设置图表区格式

① 在图表区域外沿（即绘图区的外围）单击鼠标右键，点击"设置图表区域格式"。如图2-100所示。

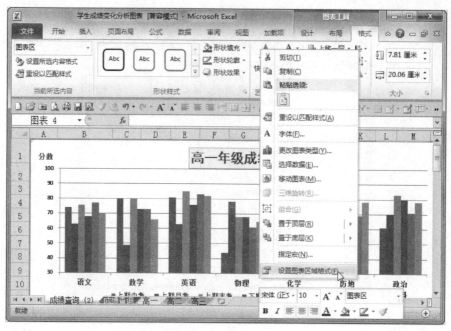

图 2-100

② 在弹出的"设置图表区格式"对话框的"填充"选项卡中，可以设置图表区的各种填充效果，还可以在此设置图表区的"边框颜色"和"边框样式"。如图2-101所示。

4) 设置绘图区格式

① 设置绘图区图案。在绘图区内单击鼠标右键，选中"设置绘图区格式"，在弹出的"设置绘图区格式"对话框中，可以设置绘图区的"填充"颜色。参见图2-96。

② 调节绘图区的大小。填充颜色后点击绘图区，光标置于绘图区的四周或边框角上，用鼠标拖动，可以调节绘图区的大小，设置后的图表效果如图2-102所示。

(5) **设置数据系列的艺术效果**

上面设置的柱状图，都是平面的。还可以设置成立体的。选中某一系列，单击鼠标右键，选择"设置数据系列格式"，在弹出的"设置数据系列格式"对话框中，选中"三维格式"选项卡，可以选择"顶端"的某一棱台选项。如图2-103所示。如果想设置立体的柱状图，在开始出现柱状时就可以进行设置，选中绘图区，在上面的"图表工具"栏下面，选择"设计"选项卡，然后在"图表样式"组中选择一种立体样式，再进行修改。

图 2-101

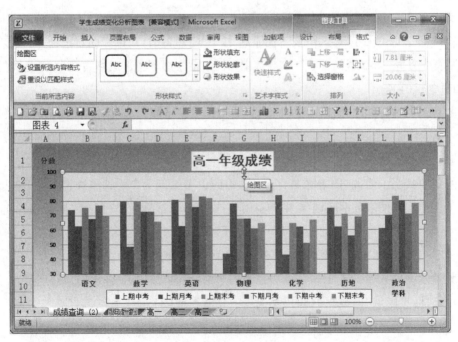

图 2-102

第 2 章 班级教育教学管理应用实例

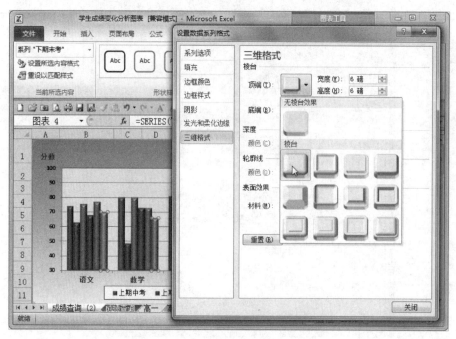

图 2-103

(6) 复制制作高二年级成绩图表

1) 调节图表大小。点击图表区（不是绘图区），光标置于图表区的四周或边框角上，用鼠标拖动，可以调节图表区的大小，再选中该图表标签，按下"Ctrl"键时，用鼠标向右拖动，可以复制出一个新的图表作为高二年级成绩柱状图表。选中新图表的绘图区单击鼠标右键，然后选择"选择数据"。如图 2-104 所示。

2) 在弹出的"选择数据源"对话框中，可以看到原数据区域为 B2 到 I8 单元格。如图 2-105 所示。

3) 修改数据区域

① 可以直接手工修改"图表数据区域"框中的引用区间为"='成绩查询(2)'!＄B＄9:＄I＄14"。（也可以在"图表数据区域"框中的引用被选中时，用鼠标在 B9 到 I14 单元格区间拖动即可）。由于高二图表要与高一的图表共用一个水平轴数据，此时水平轴数据为空，默认显示为 1、2、3……如图 2-106 所示。需要重新输入单元格的引用区间。

② 设置水平轴数据。在图 2-106 中点击右边的"编辑"按钮，在弹出的"轴标签"对话框中，重新设置"轴标签区域"的数据区间仍然为"='成绩查询(2)'!＄C＄2:＄I＄2"。如图 2-107 所示。

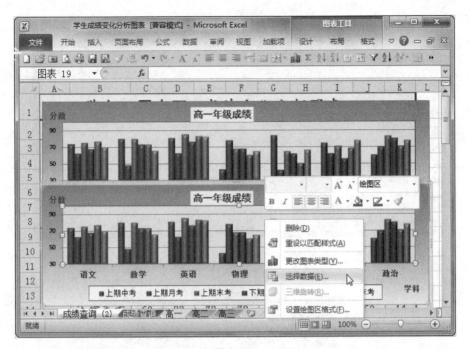

图 2-104

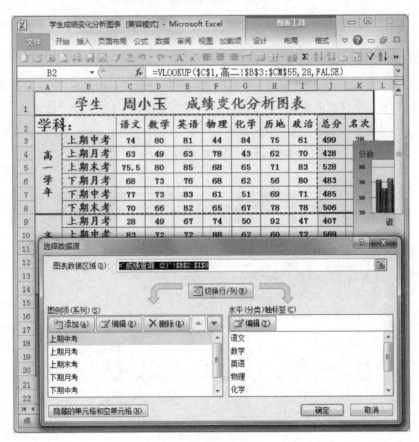

图 2-105

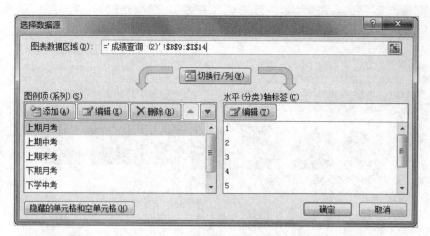

图 2-106

图 2-107

(7) 复制制作高三年级成绩图表

通过复制高二年级的图表,得到高三年级图表的方法与上面方法类同,更改数据区域为"$B$15:$I$20",轴标签区域仍然为"='成绩查询(2)'!$C$2:$I$2",在"选择数据源"对话框中,可以看到"图表数据区域"中的引用区域为"='成绩查询(2)'!$B$2:$I$2,'成绩查询(2)'!$B$15:$I$20",表示是两个区域的引用。如图 2-108 所示。

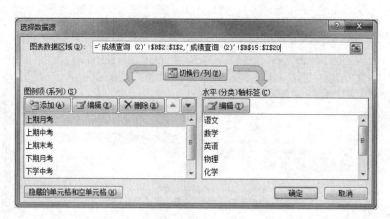

图 2-108

(8) 设置图表大小及整齐排列

1) 调整图表的大小。在图 2-101 的"设置图表区格式"对话框中,点击"大小"选项,可以设置该图表的大小。

2) 对图表进行排序。选中三个图表,在"绘图工具"栏下面点击"格式"选项卡,在"排列"组中点击"对齐"按钮,可以选择"左对齐"或"右对齐"等按钮。可以把几个图表排列整齐。如图 2-109 所示。

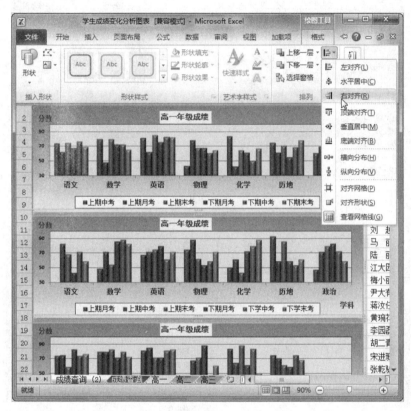

图 2-109

3) 也可以批量设置图片的大小。利用"Ctrl"键,选中若干个图表,单击鼠标右键,选中"大小和属性"。如图 2-110 所示。在此可以批量设置图表的大小。设置统一的高度和宽度,如高度设置为"5.5 厘米",宽度设置为"18 厘米"。

(9) 复制新图表切换行/列

1) 复制图表。选中左边三个图表,按下"Ctrl"键,鼠标向右拉动,复制出三个新的图表。

2) 切换行/列。分别选中新复制的三个图表,单击鼠标右键,然后点击"选择数据",在"选择数据源"对话框中,点击"切换行/列"按钮。如图 2-111 所示。这样横坐标和纵坐标就互换了位置。

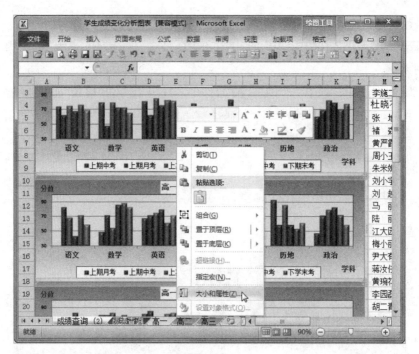

图 2-110

图 2-111

3）再对所有图表进行排列，这样得到的六个图表，左边三个分别反映的是一个学科的不同时间考试的成绩，右边三个分别反映的是一次考试不同学科的考试成绩。如图 2-112 所示。使用时，只需在 C1 单元格中选择学生姓名，即可看到该生所有考试成绩的变化情况。

(10) 保存模板作为备用

好不容易设计好了一个图表的格式，以后还想再用，可以把该图表设置为模板。设置和使用方法如下：

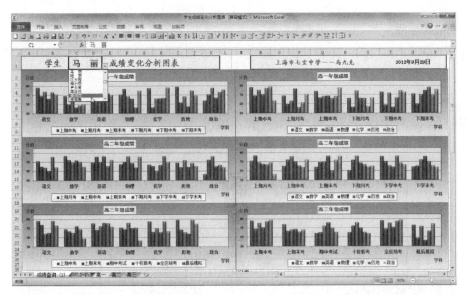

图 2-112

1) 模板的保存

要保存某一图表为模板，应先选中该图表（即鼠标在图表上单击），再点击"图表工具"栏下面的"设计"选项卡，然后点击左边的"另存为模板"按钮，在"保存图表模板"对话框中输入文件名称。如图 2-113 所示。

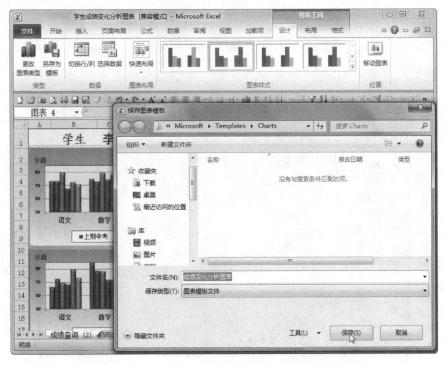

图 2-113

2) 模板的应用。

① 当新的文档需要插入图表且使用模板时,选中数据区域,在"插入"选项卡中点击"柱状图",再点击下面的"所有图表类型"。如图 2-114 所示。

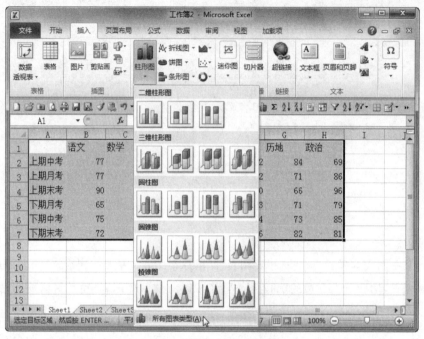

图 2-114

② 在"插入图表"对话框中,选中上面的"模板",在"我的模板"中,选中需要的模板,点击"确定"即可。如图 2-115 所示。

图 2-115

3) 删除模板。点击图 2-115 左下角的"管理模板"按钮,然后选中该文件,单击鼠标右键,点击"删除",即可以把该模板文件删除。如图 2-116 所示。

图 2-116

2.07 学生成绩名次变化分析图表

前面的图表能够很好地反映出学生考试成绩的变化情况,但是由于各学科考题的难易程度不同,因此孤立的分数还不能十分全面地反映出学生的成绩变化情况。而每次考试的成绩在班级内的名次,则能够很好地反映出学生成绩的变化情况。制作好的图表既能反映出某一学科几次考试的班级名次变化,是退步了还是进步了,又能反映某一次考试的各学科的名次,了解哪些学科的成绩好哪些学科的成绩差。制作完成的图表如图 2-117 所示。制作方法如下:

(1) 成绩表增加名次排序项

1) 在前面已经制作好了的工作簿的基础上,修改"高一"、"高二"、"高三"三个工作表,下面以修改"高一"工作表为例,说明操作方法。由于所用的单元格较多,可以对各列进行编号,在最上面增加一行,利用序列填充的方法,即在 B1 和 C1 中分别输入"1"和"2",选中这两个单元格后,向右拖动,一直拖到 CU 列编号"98"为止,为了方便阅读,从第 I 列到第 BC 列之间的列均被隐藏了。

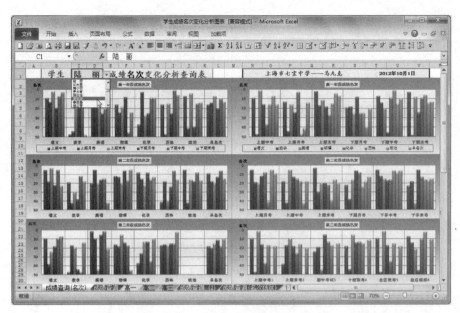

图 2-117

隐藏列的方法是，选中需要隐藏的列，在"开始"选项卡的"单元格"组中，选中"格式"按钮，选择"隐藏和取消隐藏"中的"隐藏列"。如图 2-118 所示。BF2 到 BL2 单元格合并后输入"上期中考名次"，下面 BF3 到 BL3 单元格分别输入或复制"语文、数学、英语、物理、化学、地理、政治"等学科名称，并设置相关单元格格式。

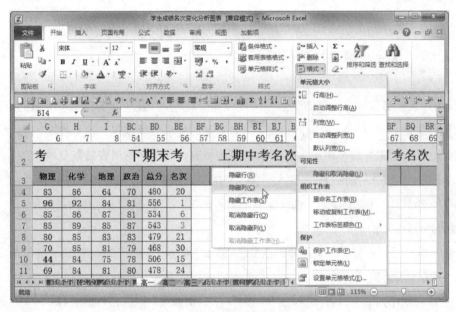

图 2-118

2) 输入排序函数

① 在 BF4 单元格中输入公式"＝RANK(D4,D4:D55)",公式的含义是:D4 单元格中的数据在 D4 到 D55 中单元格区域中的名次。选中该单元格,鼠标置于右下角,当光标变为小十字时向右拖动,将公式填充复制到 BL4,由于 BF4 单元格中的公式是相对引用,所以每个单元格中公式的引用区间都是自动变化的。如图 2－119 所示。

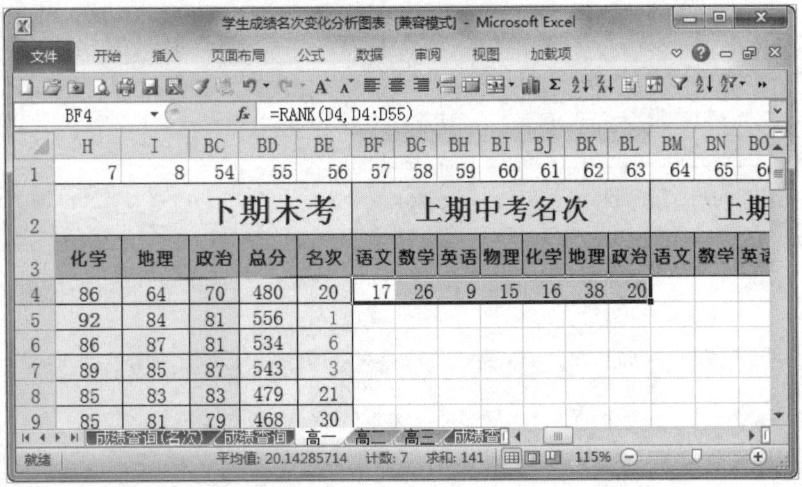

图 2－119

② 再选中 BF4 单元格中的公式复制到 BM4 的单元格中,并将公式改为"＝RANK(M4,M4:M55)",再向右拖动到 BS4 单元格中,如此反复进行,直到将 BF4 到 CU4 单元格区域全部填充上了排序公式。

③ 这些公式单元格的引用都是相对引用,为了方便下面单元格中公式的填充,应该把这些公式中后面的单元格区间的引用改为绝对引用。光标先选中 BF4 单元格,按下"Shift"键,用鼠标拖动下面的水平滚动条,当出现 CU 列时,再用鼠标点击 CU4 单元格,这时选中了 BF4 到 CU4 的单元格区域,并在上面的编辑栏中看到了 BF4 单元格中的公式"＝RANK(D4,D4:D55)",用鼠标拖动编辑栏公式中后面引用的单元格区域,即选中公式"＝RANK(D4,D4:D55)"中的"D4:D55"(即抹黑),按下"F4"键,公式变为"＝RANK(D4,＄D＄4:＄D＄55)",按回车键后,自动选中了右边相邻的单元格 BG4。如图 2－120 所示。再在编辑栏中修改该公式,如此反复进行,直到将 BF4 到 CU4 中所有公式从相对引用变成绝对引用。

④ 选中 BF4 到 CU4 单元格区域,鼠标置于 CU4 单元格右下角,当光标变为小十字时向下拖动,将公式填充复制到 55 行,由于公式的第一项是相对引用,第二项是绝对引用,填充后的所有单元格中公式的相对引用都发生了变化(打回车键可以在编辑栏中,观察不同单元格中的公式),如图 2－121 所示。"高二"和"高三"工作表进行相同的操作。将三个工作表中的每次考试成绩名次的排序均用排序函数表示出来。

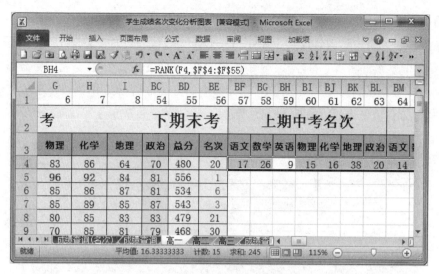

图 2-120

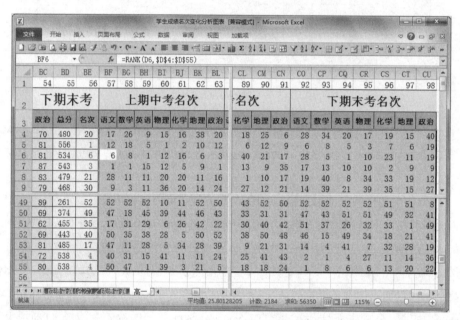

图 2-121

(2) 更改查询工作表中的函数

1) 按下"Ctrl",拖动"成绩查询"工作表标签,复制出一个新的"成绩查询(2)"工作表,右击该工作表标签,点击"重命名",修改该工作表标签名称为"成绩查询(名次)"。按照图2-88和图2-89介绍的方法,修改标题名称,移动选择学生姓名的单元格位置到C1单元格。

2) 选中C3到I3单元格,这时在编辑栏中出现C3的单元格公式,将其修改为:"=VLOOKUP($C$1,高一!$B$4:$CU$55,57,FALSE)"(公式的含义是,在"高一"工作表内,区域为 B4 到 CU55 范围中，查找第一列即 B 列中，与 C1 单元格内容相同的单元格，再以该单元格所在的行为标准，找出以 B 列为第一列，向右数第 57 列的数据），然后按回车键，编辑栏中自动出现 D3 的单元格公式，将公式修改为"= VLOOKUP（＄C＄1，高一!＄B＄4:＄CU＄55,58,FALSE）"，每修改一个，按回车键编辑栏中自动出现下一个，修改好第 3 行后再修改第 4 行，一直向下修改到 I8 单元格。如图 2-122 所示。删除"总分"这一列，"总名次"列中的链接关系不改动。

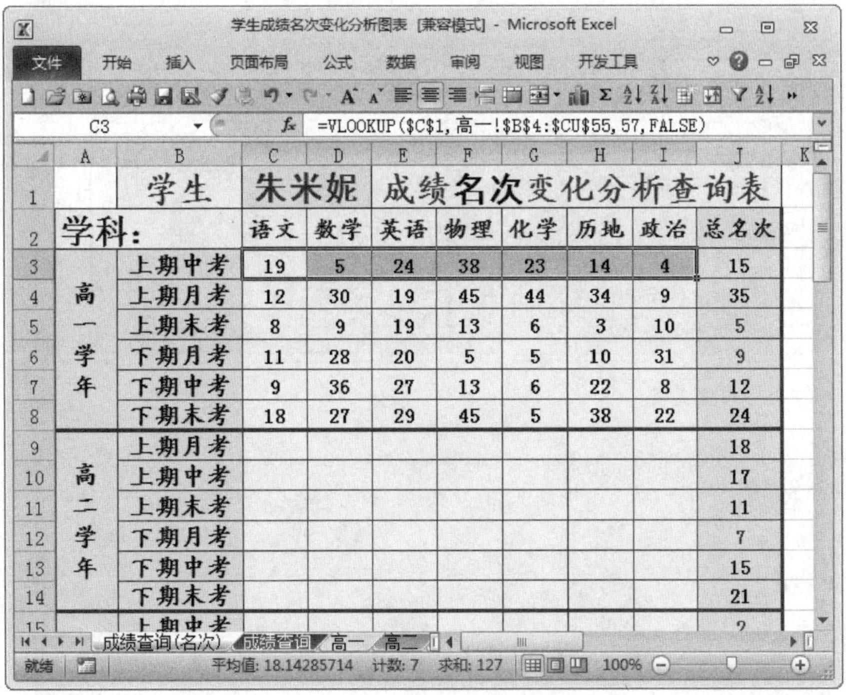

图 2-122

3) 快速复制公式。由于三个工作表的格式是相同的，可以把 C3 到 I8 单元格区间的公式复制到 C9 到 I14 单元格区间。

① 选中 C3 到 I8 单元格区间，按下"Ctrl＋C"，光标点一下 C9 单元格，按下"Ctrl＋V"，由于公式中使用的都是绝对引用，默认将公式全部内容复制到了 C9 到 I14 单元格了。

② 利用替换功能更改公式。选中 C3 到 I8 单元格区间，按下快捷键"Ctrl＋H"，在弹出的"查找和替换"对话框的"替换"选项卡中，将公式中的"高一"替换为"高二"。如图 2-123 所示。利用相同的方法，把公式复制到 C15 到 I20 单元格中，再利用替换功能修改公式即可。

(3) 制作图表

1) 选中 B2 到 J8 单元格区域，在"插入"选项卡的"图表"组中点击"所有图表类型"，如图 2-124 所示。在弹出的"更改图表类型"对话框中选择"模板"，然后选择一个已经保存好的模板。也可以直接插入"二维柱形图"。如图 2-125 所示。

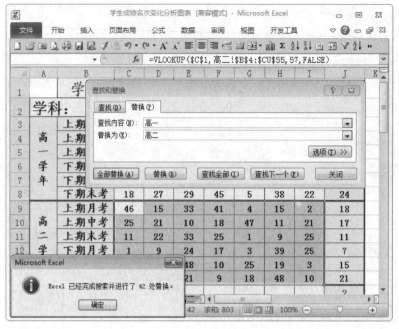

图 2-123

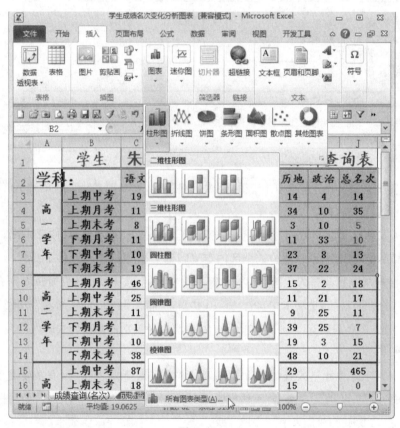

图 2-124

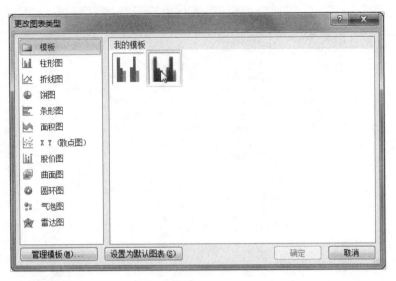

图 2 - 125

2）修改图表格式。插入的图表如图 2 - 126 所示。该图表中成绩好的第一名，柱形很短，成绩差的即名次靠后的，反而柱形较高，与我们通常的思维习惯相反，如某同学，"上期中考""数学"为"37"名，是数学成绩中最差的，反而较高。应该是成绩好的第一名，柱形图较高。因此需作如下设置。

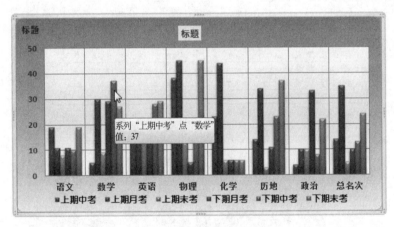

图 2 - 126

① 纵坐标的反向设置。在纵坐标轴上单击鼠标右键，弹出"设置坐标轴格式"对话框，在其"坐标轴选项"选项框中，选中下面的"逆序刻度值"和"最大坐标值"，同时可以自定义"最大值"和"最小值"分别是"0"和"50"（根据学生人数确定）。如图 2 - 127 所示。

② 设置完成后的图表如图 2 - 128 所示。

图 2-127

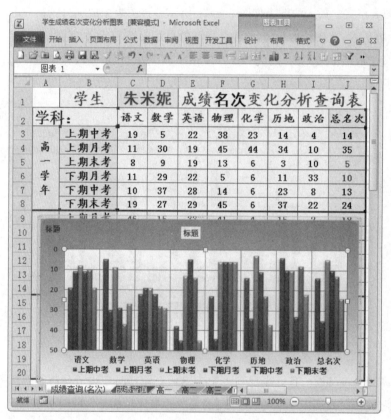

图 2-128

③ 更改图表标题和坐标轴标题文字。可以分别在标题文字区和坐标轴标题文字区直接输入相应的文字。成绩好的则柱形高。如图 2-129 所示的图表。

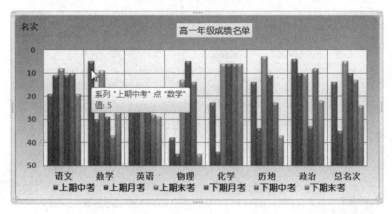

图 2-129

(4) 复制图表修改数据区域

1) 复制图表。选中图表，按下"Ctrl"键，用鼠标拖动，可以复制出一个图表，修改该图表的数据区域和标题文字（"高一年级成绩名次"改为"高二年级成绩名次"）。

2) 更改数据区域。所用数据要引用两个区域，可以按下面的方法进行更改。

① 选中复制出的高二成绩图表，在绘图区单击鼠标右键，点击"选择数据"项，可以看到"选择数据源"对话框，并能够看到跳动的虚线框围成的数据区域，此时用鼠标在 B2 到 J2 单元格之间拖动，在上面的"图表数据区域"框中出现"='成绩查询(名次)'!＄B＄2:＄J＄2"，然后输入英语状态下的逗号，再用鼠标在 B9 到 J14 单元格区间拖动，则图表数据区域框中显示的数据区域为"='成绩查询(名次)'!＄B＄2:＄J＄2,'成绩查询(名次)'!＄B＄9:＄J＄14"点击"确定"即可。如图 2-130 所示。

图 2-130

② 再回到选择数据源对话框,在"图表数据区域"中,可以看到原来图表的数值区域的引用区间,已经改为"='成绩查询(名次)'!＄B＄2:＄J＄2,'成绩查询(名次)'!＄B＄9:＄J＄14"。如图2-131所示。从虚线框中也可以看到数据区域是两个区域。

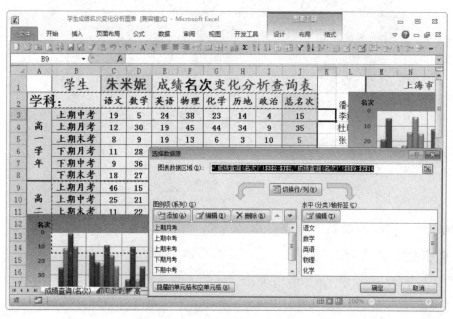

图2-131

3) 将高二图表复制一个作为高三图表。图表数据区域改为"='成绩查询(名次)'!＄B＄2:＄J＄2,'成绩查询(名次)'!＄B＄15:＄J＄20",从跳动的虚线框可以看出数据区域已经发生了变化。如图2-132所示。

4) 复制三个图表并转换行/列。将已经制作好的三个图表全部选中,按下"Ctrl"键,用鼠标拖动到右边适当位置,即复制出三个新的图表,分别选中这三个新图表,单击鼠标右键,在弹出的选项框内,点击"选择数据",在"选择数据源"对话框中,点击"切换行/列"按钮。如图2-133所示。可以转换新的三个图表的行和列。

5) 调整图表位置。利用绘图工具中的"对齐"按钮将各个图表对齐排列,得到如图2-134所示的图表。

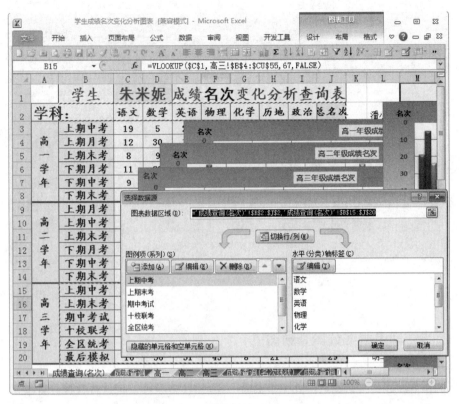

图 2-132

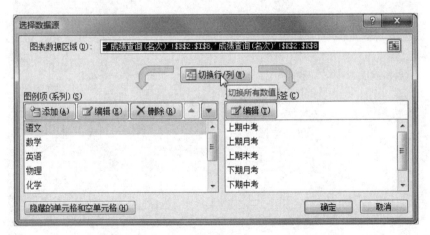

图 2-133

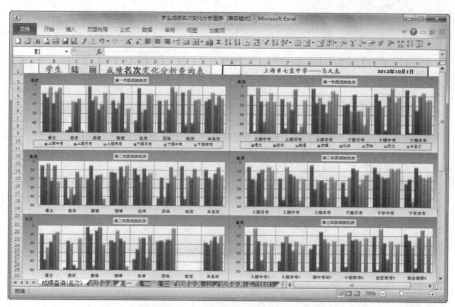

图 2-134

2.08 学生成绩分类查询图表

前面制作的图表所有数据集中在一个页面上,数据较多。可以把这些数据分开显示,比如点击任意一个学生名字,选择任意学科,可以显示三年内每一个学科的成绩变化折线图。如图 2-135 所示。选择任意一次考试,可以显示三年来所有考试每次的各科名次及总名次。如图 2-136

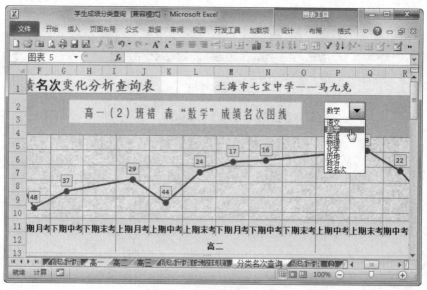

图 2-135

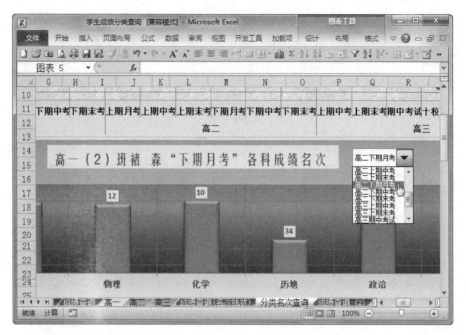

图 2-136

所示。由于制作该图表要求较高,涉及问题较多,如某次缺考时,要将前后两点的线段相连;缺考时在图中不应显示数据,所以原表格中的有些公式需要更改;提取数据还需要用函数"OFFSET";由于需要切换还需要应用窗体控件。制作方法如下:

(1) 设置三个年级工作表图表的公式

由于本例制作的图线有较高的要求,对前面的三个年级工作表(高一、高二、高三三个工作表)中的一些公式需要进行更改。先更改高一工作表,然后再复制出其他两个。

1) 在高一工作表中输入总分名次公式

① 在 K4 单元格中输入公式"=IF(SUM(D4:J4)=0,"",SUM(D4:J4))",这样当求和为零时,显示为空,否则进行求和运算。

② 在 L4 单元格中输入公式"=IF(K4="",NA(),RANK(K4,$K$4:$K$55))",如果直接输入公式"=RANK(K4,$K$4:$K$55)",当"上期中考"的所有学科缺考时,会显示"♯VALUE!",这样在图表中会显示"0",由于名次图表是数值小的柱状高,所以"0"会显示很高的柱状,看起来很不协调。函数"NA()"能够显示错误值"♯N/A"。当输入上述函数时,如果出现本次考试全缺考的情况,会显示"♯N/A"。下拉进行单元格填充。如图 2-137 所示。当单元格显示为"♯N/A"时,在图表中显示为空。

③ 所有的总分和名次都输入相应的公式,如图 2-138 所示。从 BF 列以后都输入相应的排序公式。并将高一工作表复制两份,分别重命名为"高二"和"高三"(替代原来的两个年级工作表)。这样三个工作表格式完全相同,便于后面的操作。

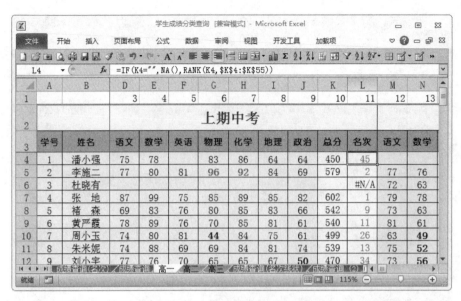

图 2-137

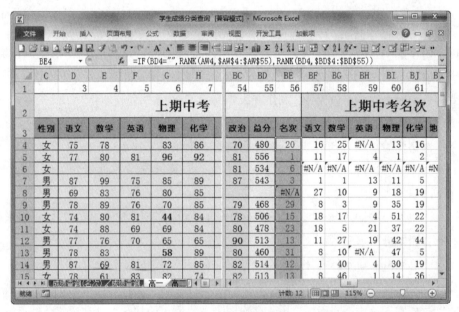

图 2-138

(2) 设置数据表格

将原来工作表"成绩查询(名次)"复制一个,并重命名为"分类名次查询"。如图 2-139 所示。

(3) 应用函数提取数据

要将提取出的数据显示在 B22 到 J23 单元格区间,需要借助函数"OFFSET"。

1) 设置显示考试次数的数据区域

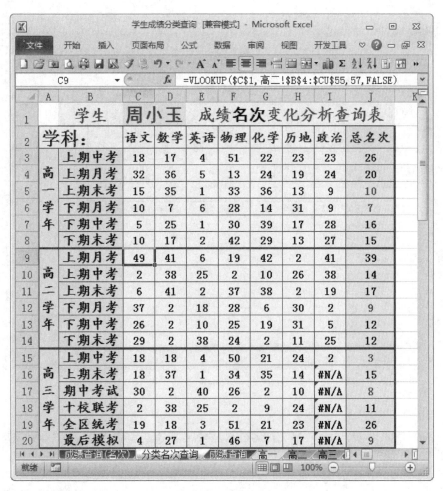

图 2-139

① B22 中输入文字"数据区域",将 C2 到 J2 单元格区域的标题文字"粘贴链接"到 C22 到 J22 单元格区域中。如图 2-140 所示。

② 认识函数"OFFSET"。该函数的语法含义是:OFFSET(基点单元格,移动的行数,移动的列数,所要引用的高度,所要引用的宽度),如"OFFSET(A4,2,3,1,2)",表示的含义是:以 A4 为基点单元格,2 是正数,表示向下移动 2 行,3 是正数,表示向右移动 3 列,1 表示引用一个单元格的高度,2 表示引用 2 个单元格的宽度。这里使用该函数时后三个数值不需要填写。表示只向下移动 2 行,引用本单元格。

③ 输入公式,在 B23 单元格中输入公式:"=OFFSET(B2,$B$25,)",如在 B25 单元格中输入"5",该公式的含义是:以 B2 为基点,向下数"5"行,该单元格内容显示在 B23 单元格中。对 B25 单元格要绝对引用,然后向右拖动填充公式到相应单元格。如图 2-141 所示。

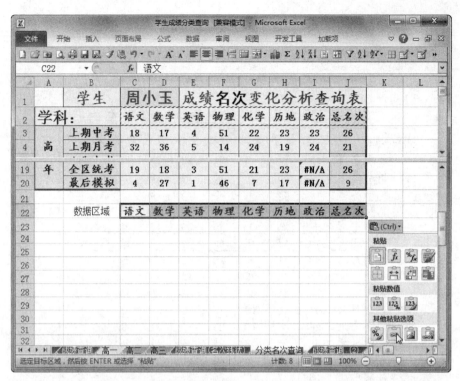

图 2-140

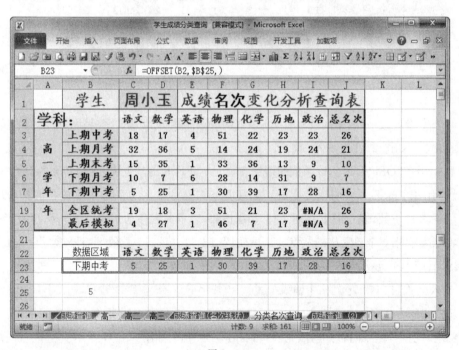

图 2-141

2) 设置显示学科名次的数据区域

在 J 列右边插入若干空列,在 L2 中输入文字"数据区域",将 L3 到 L20 单元格与 B3 到 B20 单元格建立链接关系,在 M2 单元格中输入公式:"＝OFFSET(B2,0,＄B＄26,)",如 B26 中输入"4",该公式的含义是:B2 单元格为基点,不向下移(第二项为"0"),只向右移动 4 列,在 M2 单元格中显示学科的名称"物理"。如图 2－142 所示。

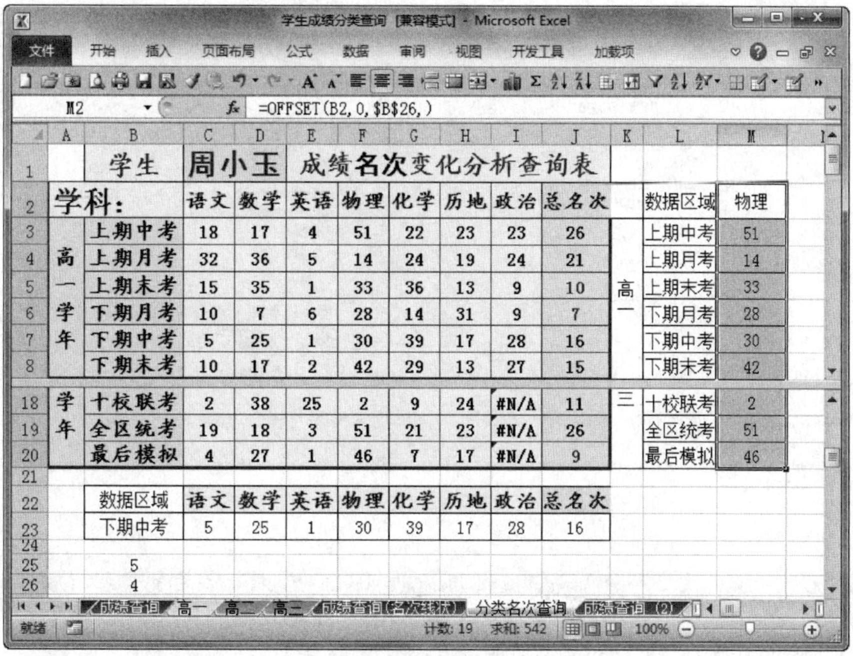

图 2－142

(4) 插入窗体控件

为了让 B25 和 B26 单元格中的数据能够自动变化,须借助窗体控件工具。

1) 自定义"开发工具"选项卡

一般 Excel 页面的工具栏上没有显示"开发工具"选项卡,要先调出该工具。点击左上角的"文件",再点击"选项",在弹出的"Excel 选项"对话框中,点击"自定义功能区"按钮,在右边的"自定义功能区"的"主选项卡"中,选中"开发工具"。这样界面上就有了"开发工具"选项卡。如图 2－143 所示。

2) 插入窗体控件工具

① 在 B27 单元格中输入公式:"＝"高一"&B3",下拉填充到 B44 单元格中,并更改单元格内相应文字,分别为高二和高三的各项内容。如图 2－144 所示。

② 在"开发工具"选项卡的"控件"组中,点击"插入"按钮,在弹出的"表单控件"项目组中点击"组合框(窗体控件)"按钮,用鼠标画出一个矩形框。如图 2－145 所示。

图 2-143

图 2-144

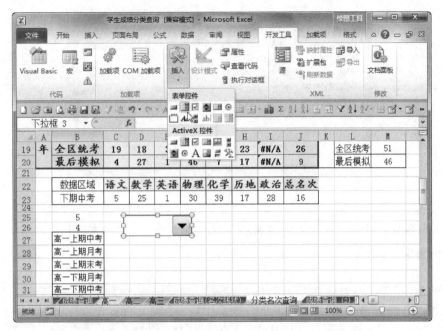

图 2-145

③ 单击鼠标右键,在弹出的"窗体控件"矩形框内,选中并点击"设置控件格式"选项。如图 2-146 所示。

图 2-146

④ 在弹出的"设置对象格式"对话框中,将光标置于其"数据源区域"的输入框中,用鼠标从 B27 拉到 B44 单元格区域,再将光标置于"单元格链接"输入框中,点击一下 B25 单元格。点击"确定"即可,如图 2-147 所示。输入内容的含义是:点击 B27 到 B44 单元格区域中的某一字段时,在 B25 单元格中显示该字段所在的行数。"下拉显示项数"输入框中的"8",是下拉菜单显示的项目数。

⑤ 同理再次插入窗体控件,进行类同的操作,制作一个控制学科的窗体控件。点击下拉按钮可以选择任意学科,并能将该学科的位置顺序的数字显示在 B26 单元格中。根据 M2 中的公式

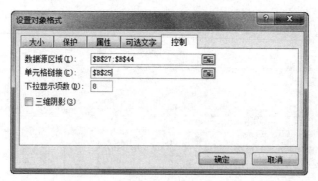

图 2-147

"=OFFSET(B2,0,＄B＄26,)",以 B2 为基点,向右找第 5(＄B＄26)个单元格的内容"化学"显示在 M2 单元格中。如图 2-148 所示。

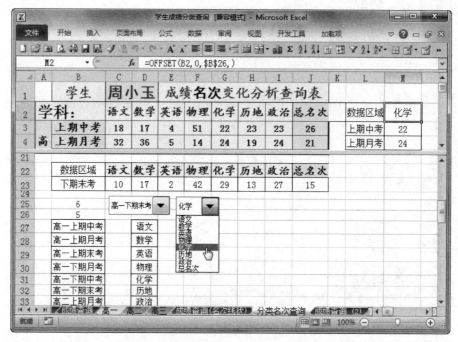

图 2-148

(5) 制作图表

1) 不同考试名次图表

① 插入图表。选中 B22 到 J23 单元格区间,在"插入"选项卡的"图表"组中,点击"柱形图"的按钮,选择"二维柱形",在文档中插入一个图表。如图 2-149 所示。

② 设置图表格式。分别设置图表区格式,绘图区格式,坐标轴格式和数据系列格式及数据标签格式。设置完成的图表如图 2-150 所示。

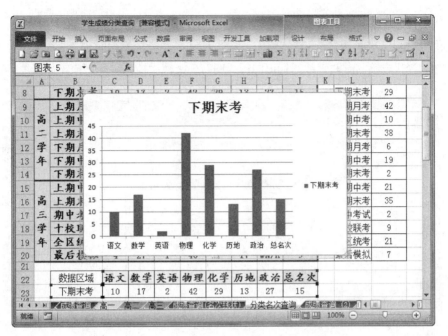

图 2-149

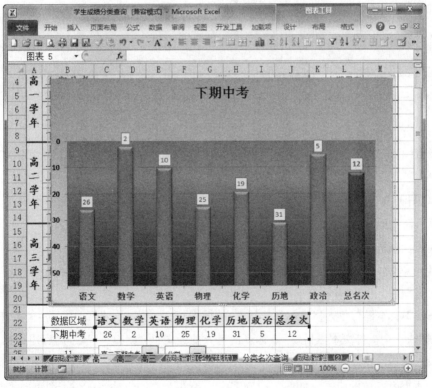

图 2-150

2）不同学科名次图表

① 将 K2 和 L2 单元格合并，然后选中 K2 到 M20 单元格区域，在"插入"选项卡的"图表"组中，点击"折线图"按钮，选择"带数据标记的折线图"，在文档中插入一个图表。如图 2-151 所示。

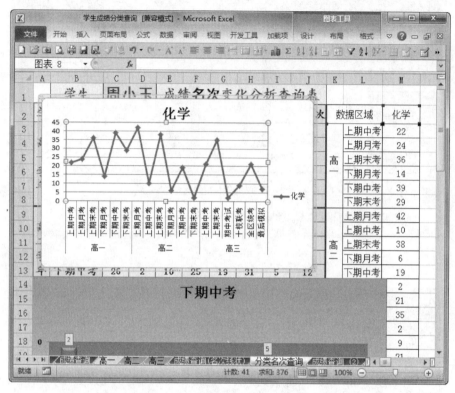

图 2-151

② 设置图表格式。分别设置图表区格式，绘图区格式，坐标轴格式和数据系列格式及数据标签格式。设置完成的图表如图 2-152 所示。

(6) 个性化图表

1）插入链接的标题

① 输入标题链接公式。在 G25 单元格中输入公式："="高一(2)班"&C1&""""&B23&""""&"各科成绩名次""。如图 2-153 所示。同理在 G26 单元格中输入公式："="高一(2)班"&C1&""""&M2&""""&"成绩名次图线""。

② 图表中文本框与单元格之间的链接。在"插入"选项卡的"文本"组中，点击"文本框"按钮，在图表中插入一个横排文本框后，用鼠标点击上方的编辑框，输入"="后，然后用鼠标点击一下 G25 单元格，然后按回车键即可把文本框与单元格中的文字相链接。再在文本框上单击鼠标右键，设置文本框及字体的格式。如图 2-154 所示。利用类同的方法对另一个图表插入文本框，然后与 G26 单元格建立链接关系，并设置文本框及框中文字的格式。

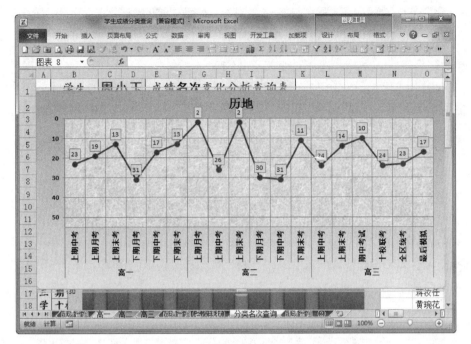

图 2-152

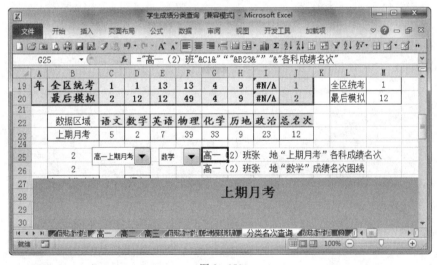

图 2-153

2) 调整位置设置大小。插入纵坐标"名次"的文本框；鼠标拉动调整图表的大小；鼠标拉动调整窗体控件的位置，要移动窗体控件的位置，先要鼠标右击控件，这样可以选中控件，再用鼠标拖动。窗体控件和图表在重叠放置时，注意上下层次，当窗体控件与图表重合时若看不到窗体控件，说明该控件在底层，这时可以用鼠标右击图表，选中"置于底层"即可。最终效果如图 2-155 所示。高一上期月考物理缺考，两个图表中均不显示。

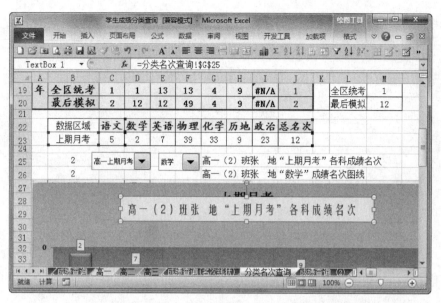

图 2-154

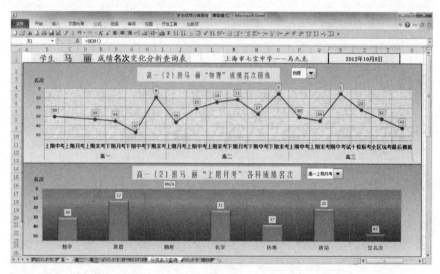

图 2-155

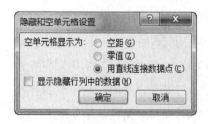

图 2-156

说明：如果在制作图表使用折线图时，数据为空或"0"出现断线情况时，可以通过下述方法解决，在图线上单击鼠标右键，选中"选择数据"，在"选择数据源"对话框中，参见图2-133，在左下角点击"隐藏的单元格和空单元格"，在弹出的"隐藏和空单元格设置"对话框中，选中"用直线连接数据点"。如图2-156所示。这样可以把断线连接起来。本例中，由于缺考时显示的是"♯N/A"，所以不设置也可以自动相连。

2.09 学生家长通知书使用文档

在前面的"1.04 批量制作学生家长通知书"一节中,需要制作一个 Excel 文档,该文档的制作方法如下。

(1) 建立 Excel 文档

在一个空白 Excel 文档中,输入表格的有关文字。再在工作表标签上,单击鼠标右键,点击"重命名",将原来工作表标签重命名为"链接 Word 文档"。如图 2-157 所示。

图 2-157

1) 输入总分及名次的公式函数

① 在 J2 单元格中输入公式"=IF(SUM($C2:$I2)=0,"",SUM($C2:$I2))",公式的含义是:当 C2 到 I2 区间的单元格求和为零时,显示为空,否则显示 C2 到 I2 区间的单元格求和的值。如图 2-158 所示。

② 在 K2 单元格中输入公式"=IF(J2="","",RANK(J2,$J$2:$J$56))",公式的含义是:当 J2 为空时,显示为空,否则显示 J2 在 J2 到 J41 区间的名次排序。如图 2-159 所示。

③ 输入上次考试信息。在 L 列中输入上次考试的成绩"上次总分",在 M 列中进行排序。在 M2 中输入公式"=IF(L2="","",RANK(L2,$L$2:$L$41))",公式的含义是:当 L2 为空时,显示为空,否则显示 L2 在 L2 到 L41 区间的名次排序。如图 2-160 所示。

④ 输入名次公式。在 N2 单元格中输入公式"=IF(C2="","",RANK(C2,$C$2:$C$41))",公式的含义是:当 C2 为空时,显示为空,否则显示 C2 在 C2 到 C41 区间的名次排序。如

图 2-158

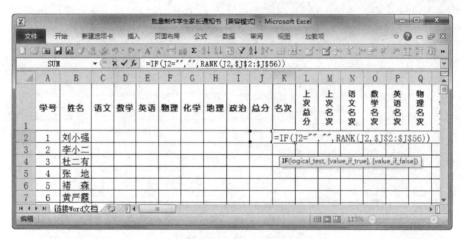

图 2-159

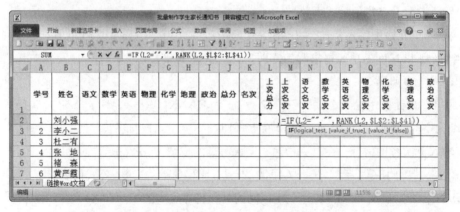

图 2-160

图2-161所示。在O2单元格中输入公式"=IF(D2="","",RANK(D2,$D$2:$D$41))",公式的含义是:当D2为空时,显示为空,否则显示D2在D2到D41区间的名次排序。

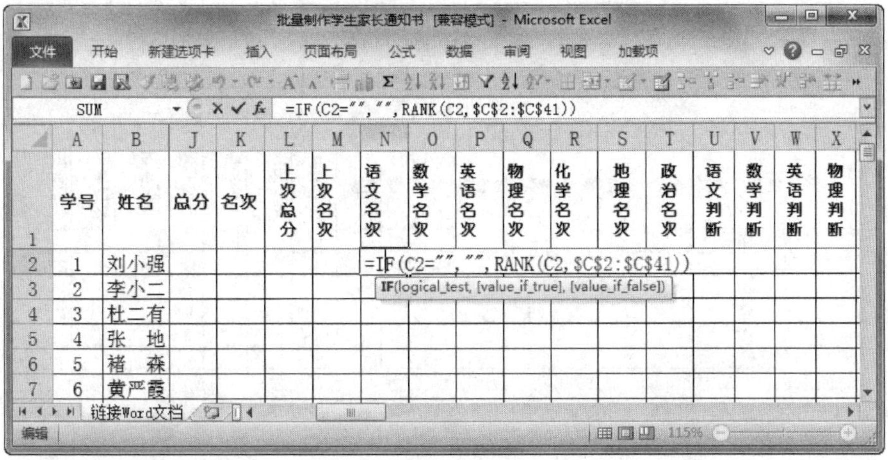

图2-161

⑤ 同理在P2单元格中输入公式"=IF(E2="","",RANK(E2,$E$2:$E$41))";在Q2单元格中输入公式"=IF(F2="","",RANK(F2,$F$2:$F$41))";在R2单元格中输入公式"=IF(G2="","",RANK(G2,$G$2:$G$41))";在S2单元格中输入公式"=IF(H2="","",RANK(H2,$H$2:$H$41))";在T2单元格中输入公式"=IF(I2="","",RANK(I2,$I$2:$I$41))"。

2) 快速复制公式

① 在J2到T2间的公式输入完成后,选中J2到T2区间的单元格,用鼠标向下拖动,将公式填充到相应单元格中。如图2-162所示。

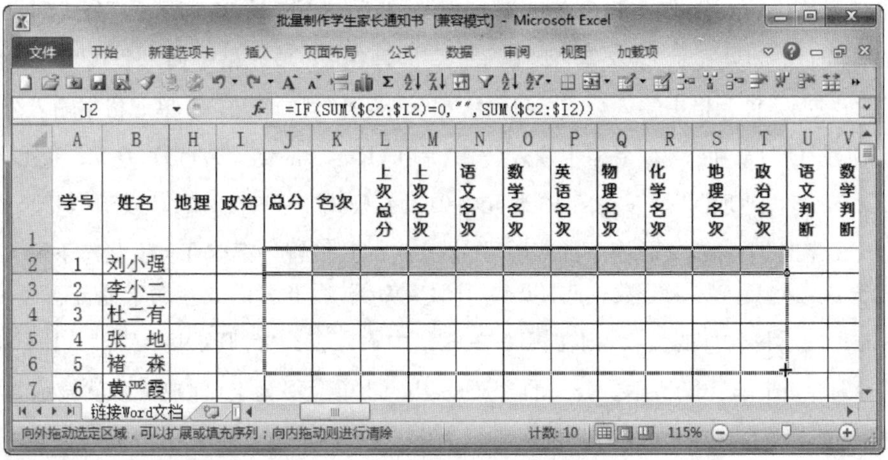

图2-162

② 没有分数值时,有公式的相应单元格均为空,当有分数输入时,则显示相应的结果。如图2-163所示。可以看出由于C5单元格中没有数值,N5单元格中虽然有公式,但不显示任何数值。

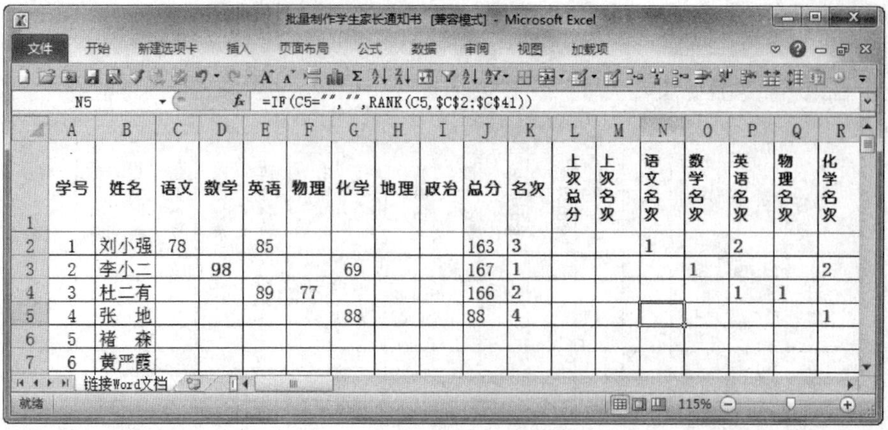

图2-163

3) 公式输入的技巧和注意问题

① 公式可以采用复制的方法。N2到T2区间的单元格公式类同,在N2单元格中输入公式,复制到其他单元格后再进行部分修改即可。

② 公式在单元格区间引用时,要注意相对引用和绝对引用的区别。特别是常用的排序函数RANK,RANK(E2,\$E\$2:\$E\$41)表示E2单元格在E2到E41单元格区间的排序,E2和E41要用到绝对引用,这样在用鼠标下拉复制公式时,才不至于出现错误。

(2) 对成绩进行判断

1) 优秀成绩判断。对各科考试成绩进行判断,成绩优秀的学科先挑选出来,前三名的设为优秀,在U2单元格中输入公式"=IF(N2<4,"语文","")"。如图2-164所示。公式的意思是,当N2小于4(即前三名)就显示"语文",否则显示空。同理在V2单元格中输入公式"=IF(O2<4,"数学","")";在W2单元格中输入公式"=IF(P2<4,"英语","")";在X2单元格中输入公式"=IF(Q2<4,"物理","")";在Y2单元格中输入公式"=IF(R2<4,"化学","")";在Z2单元格中输入公式"=IF(S2<4,"地理","")";在AA2单元格中输入公式"=IF(T2<4,"政治","")"。注意:在公式中输入文字时,要加英文状态下的双引号,公式中的其他符号都应在英文状态下输入。

2) 低分成绩判断。如果分数较低,以40个学生为例,后五名的成绩属于低分。为了防止某学科缺考时出现学科名称的文字,则在AB2单元格中输入公式"=IF(N2="","",IF(N2>35,"政治",""))"。如图2-165所示。公式的含义是,当N2单元格为空(即缺考),就显示为空,如果N2单元格大于35时,就显示"政治",否则显示为空。同理在AC2单元格中输入公式"=IF(O2="","",IF(O2>35,"数学",""))";在AD2单元格中输入公式"=IF(P2="","",IF(P2>35,"

图 2-164

英语","""))";在 AE2 单元格中输入公式"=IF(Q2="","",IF(Q2>35,"物理",""))";在 AF2 单元格中输入公式"=IF(R2="","",IF(R2>35,"化学",""))";在 AG2 单元格中输入公式"=IF(S2="","",IF(S2>35,"地理",""))";在 AH2 单元格中输入公式"=IF(T2="","",IF(T2>35,"政治",""))"。公式输入后选中 AB2 到 AH2 单元格,向下拖动,将公式填充到相应单元格中。

图 2-165

(3) 各项合并

1) 将成绩较好的学科文字进行合并。在 AI2 单元格中输入公式"=IF(U2&V2&W2&X2&Y2&Z2&AA2="","",U2&V2&W2&X2&Y2&Z2&AA2&"成绩优秀,祝贺你,继续努力.")"。

如图 2-166 所示,利用文本连接符"&",把相应单元格的内容链接到一起。公式的含义是,当 U2、V2、W2、X2、Y2、Z2 和 AA2 单元格中的文本链接起来如果是空,就显示空。否则显示这些单元格的文本链接的内容,再加上文字"成绩优秀,祝贺你,继续努力"。

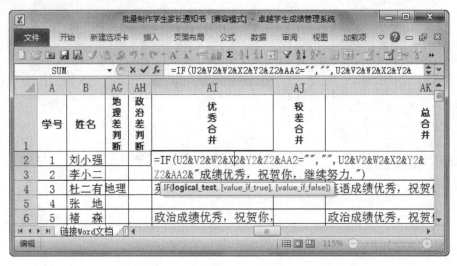

图 2-166

2) 对成绩较差的学科文字进行合并。在 AJ2 单元格中输入公式"=IF(AB2&AC2&AD2&AE2&AF2&AG2&AH2="","",AB2&AC2&AD2&AE2&AF2&AG2&AH2&"成绩较差,需要努力.")",如图 2-167 所示。利用文本连接符"&",把相应单元格的内容链接到一起。公式的含义是,当 AB2、AC2、AD2、AE2、AF2、AG2 和 AH2 单元格中的文本链接起来如果是空,就显示空。否则显示这些单元格的文本链接的内容,再加上文字"成绩较差,需要努力"。

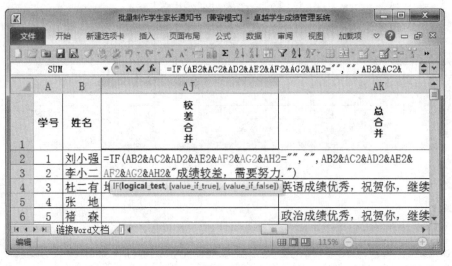

图 2-167

3) 把成绩优秀的和成绩较差的表述文字合并在一起。在 AK2 单元格中输入公式"＝AI2&AJ2",用文本连接符把 AI2 和 AJ2 单元格的内容链接在一起。如图 2-168 所示。

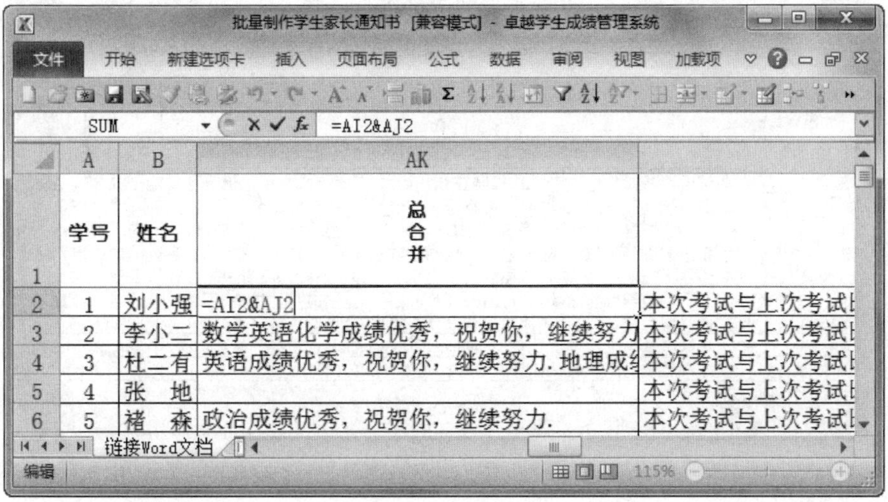

图 2-168

(4) 两次成绩比较文字

根据本次考试成绩的名次,与上次考试成绩的名次进行对比,给出每个学生的评语。由于要对每个学生都要给出评语,所以用到嵌套多层的逻辑函数"IF"和文本连接符"&"。由于 K 列是本次考试名次,M 列是上次考试名次,利用两次考试名次的差值来分析进步和退步。在 AL2 中输入公式"＝"本次考试与上次考试比较"&IF(K2-M2>15,"退步较大了,退步了"&K2-M2&"名,要努力噢。",(IF(K2-M2>5,"有点退步,退步了"&K2-M2&"名,希望你努力。",(IF(K2-M2>0,"略有退步,退步了"&K2-M2&"名,希望你努力。",IF(M2-K2>15,"进步特别大,进步了"&M2-K2&"名,希望继续努力噢。",IF(M2-K2>10,"有较大的进步,进步了"&M2-K2&"名,希望继续努力噢。",IF(M2-K2>5,"有进步,进步了"&M2-K2&"名,希望继续努力噢。",IF(M2-K2>0,"有一定的进步,进步了"&M2-K2&"名,希望继续努力噢。","名次位置相同,希望你努力。"))))))))"。如图 2-169 所示。公式的含义是:如果本次考试名次(K2)与上次考试名次(M2)比较大于 15,文字显示"退步较大,退步了××名,要努力噢。";如果退步 6 到 15 名,则显示"有点退步,退步了××名,希望你努力。";如果退步 1 到 5 名,则显示"略有退步,退步了×名,希望你努力。";如果进步名次大于 15,则显示"进步特别大,进步了××名,希望继续努力噢。";如果进步名次 11 到 15,则显示"有较大的进步,进步了××名,希望继续努力噢。";如果进步名次 6 到 10 名,则显示"有进步,进步了××名,希望继续努力噢。";如果进步名次 1 到 5,则显示"有一定的进步,进步了××名,希望继续努力噢。",否则显示"名次位置相同,希望你努力"。每一个评语前面,再加上文字"本次考试与上次考试比较"。

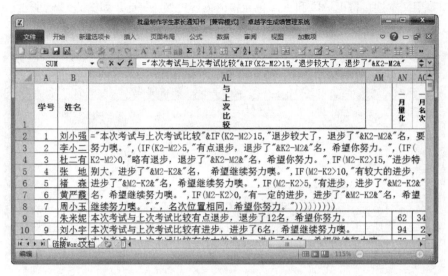

图 2-169

(5) 行为表现量化考核分数

1) 将每月的量化考核分数复制或引用过来,并对每月的量化考核分数利用排序函数和逻辑函数进行排序。在 AO2 中输入公式"=IF(AN2="","",RANK(AN2,$AN$2:$AN$41))"。如图 2-170 所示。公式的含义是,当 AN2 单元格为空时,显示为空,否则对 AN2 单元格中的数值在 AN2 到 AN41 之间排序。对于 AQ、AS、AU、AW 列进行类似的设置。输入后向下拉动单元格,把公式填充到其他单元格中。图中已经输入有关数据,并进行了排序。

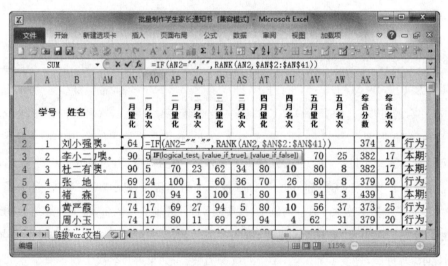

图 2-170

2) 将每月的量化分数综合到一起。在 AX2 单元格中输入公式"＝AN2＋AP2＋AR2＋AT2＋AV2"。公式的含义是，把 AN2、AP2、AR2、AT2 和 AV2 单元格的分数加在一起。如图 2-171 所示。并在 AY2 单元格中输入公式"＝RANK(AX2,＄AX＄2:＄AX＄41)"，对 AX 列中的数据进行排序。

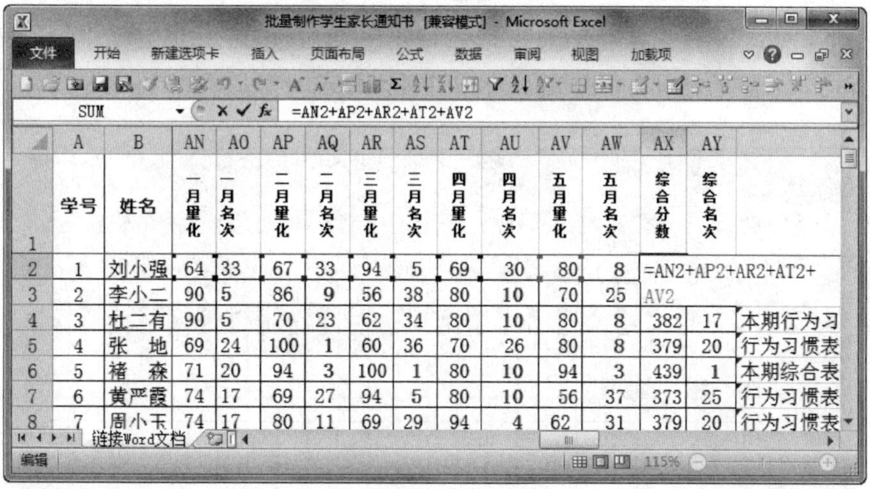

图 2-171

3) 行为表现量化分数的文字评价。在 AZ 单元格中输入公式"＝IF(AY2＜6,"本期综合表现很好,希望继续努力。",IF(AY2＜16,"本期行为习惯表现良好,有待进一步努力.",(IF(AY2＜30,"行为习惯表现一般,要努力噢.","行为习惯表现有点差,要努力噢."))))"。如图 2-172 所示。公式的含义是，当 AY 列中单元格的数值小于 6，即前五名学生，评价文字是"本期综合表现很好,希望继续努力"；当单元格中的数值是 6 到 15 时，评价文字是"本期行为习惯表现良好,有待

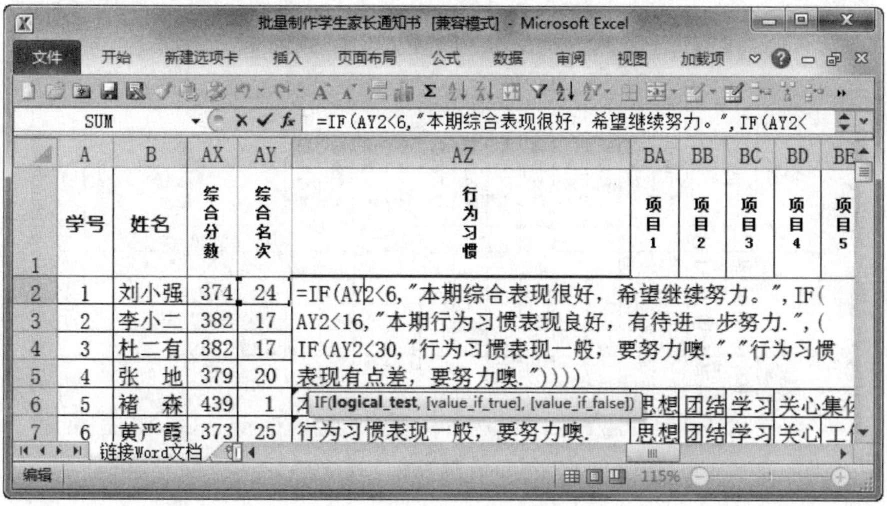

进一步努力"；当单元格中的数值是 16 到 29 时，评价文字是"行为习惯表现一般，要努力噢"；否则文字显示是"行为习惯表现有点差，要努力噢"。

（6）个性化鉴定表内容

1) 前面的各项都是根据数值自动生成的，再根据学生的实际情况，进行个性化的评价，设置若干项目，如"项目1到项目12"（可以更改这些文字），以及评优和评先等项目。"违纪次数"、"作业不交次"和"迟到次数"可以输入数值，在"违纪统计"以及后面的单元格中利用公式进行统计以及合并。如图 2-173 所示。然后在相应单元格中输入公式。

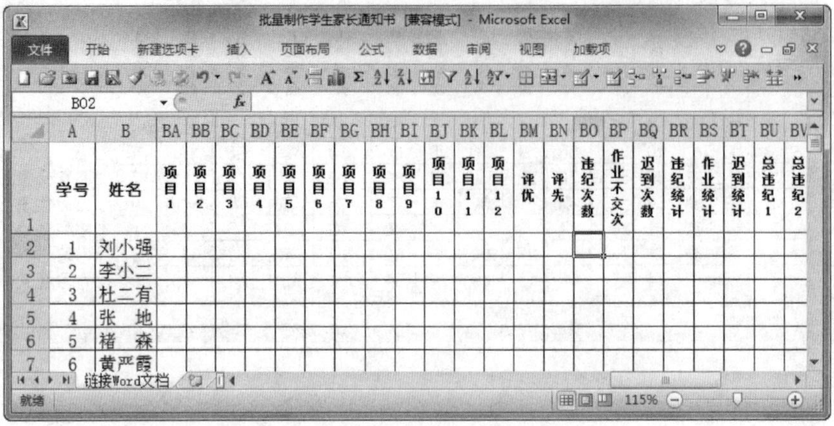

图 2-173

2) 在 BR2 单元格中输入公式"＝IF(BO2="","","违纪"&BO2&"次.")"，公式的含义是：当BO2 为空时，显示为空，否则显示"'违纪'加 BO2 单元格的数值再加'次.'"。如图 2-174 所示。要在英文状态下输入双引号。

图 2-174

3）在 BS2 单元格中输入公式"=IF(BP2="","","作业"&BP2&"次没有交.")"，公式的含义是：当 BP2 为空时，显示为空，否则显示"'作业'加 BP2 单元格的数值再加'次没有交.'"。如图 2-175 所示。

图 2-175

4）在 BT2 中输入公式"=IF(BQ2="","","迟到"&BQ2&"次.")"，公式的含义是：当 BQ2 为空时，显示为空，否则显示"'迟到'加 BQ2 单元格的数值再加'次.'"。如图 2-176 所示。

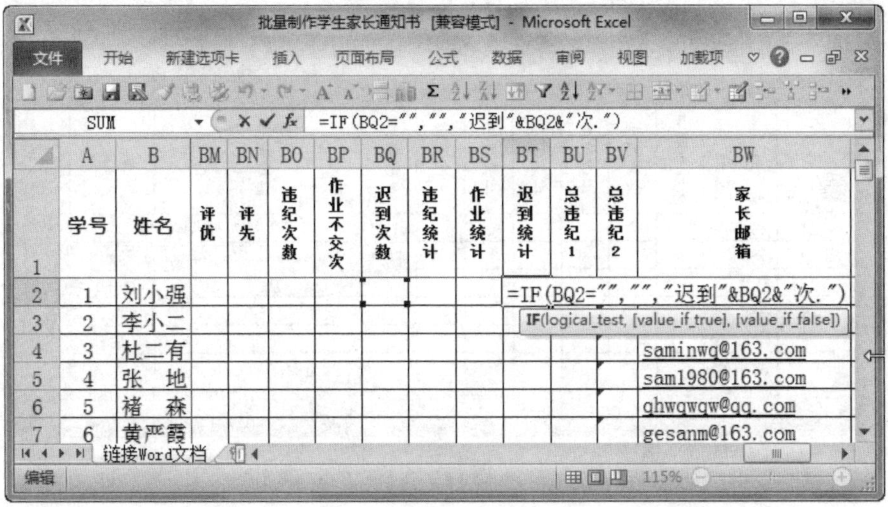

图 2-176

5）在 BU2 中输入公式"=BR2&BS2&BT2"，公式的含义是：利用文本连接符"&"将 BR2、BS2、BT2 三个单元格的内容链接在一起，显示在 BU2 单元格中。如图 2-177 所示。

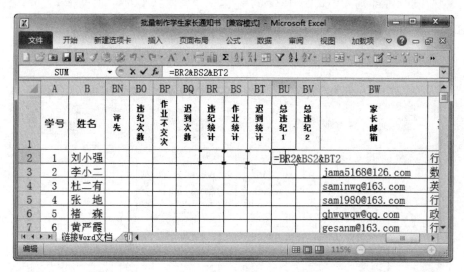

图 2-177

6）在 BV2 单元格中输入公式"＝IF(BU2="","","本期"&BU2)"，公式的含义是：当 BU2 为空时，显示为空，否则显示"'本期'加 BU2 单元格的内容"。如图 2-178 所示。"家长邮箱"这一列在 Word 中单独使用。

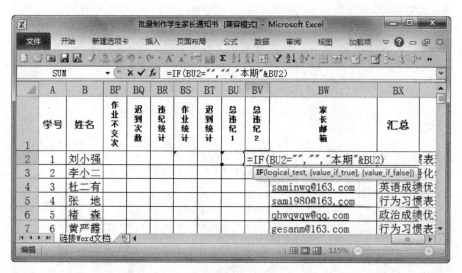

图 2-178

7）填充上数值后显示的结果如图 2-179 所示。

8）在 BX2 单元格中输入公式"＝CONCATENATE(BA2,BB2,BC2,BD2,BE2,BF2,BG2,BH2,BI2,BJ2,BK2,BL2,BM2,BN2,BV2,AK2,AZ2,AL2)"，公式的含义是：利用文本链接函数

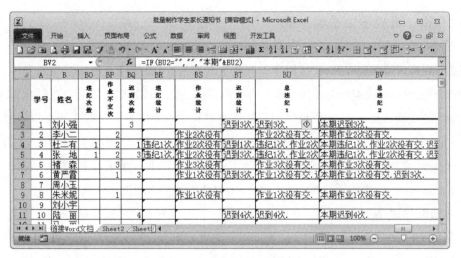

图 2-179

CONCATENATE,将 BA2、BB2、BC2、BD2、BE2、BF2、BG2、BH2、BI2、BJ2、BK2、BL2、BM2、BN2、BV2、AK2、AZ2、AL2 单元格的内容链接在一起,显示在 BX2 单元格中。如图 2-180 所示。在第二行的相关单元格中输入公式后,向下拖动将公式复制到相应单元格中。由于本工作表中各项内容最后都合并到了 BX 这一列(汇总)中,所以与 Word 文本相链接时,只与"汇总"这一列相链接即可。

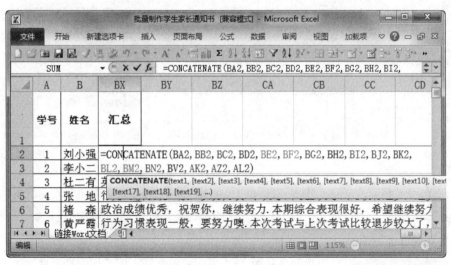

图 2-180

2.10 班级学生管理系统

班主任在班级管理过程中,要掌握和了解学生全面情况;要统计和查阅学生的考试成绩,并对其进行分析比较,以便有针对性地开展教育工作;可以组织班级学生,进行自主量化管理;并能够根据学生的成绩以及表现,方便地填写家长通知书和学生鉴定表。这些工作可以通过班主任版的学生管理系统来完成。学生管理系统——班主任版共有17个工作表,可以对学生的学习和表现进行三年的跟踪管理。多数工作表可以利用前面的方法制作或者复制,然后放在一个工作簿中。下面以"2.08学生成绩分类查询图表"一节制作的文档为例进行修改和补充。

(1)"基本情况"工作表

1)复制工作表。打开前面"2.08学生成绩分类查询图表"中的文档,并改名为"班级学生管理系统的制作",再打开"2.01学生基本情况登记表",右击学生基本情况登记表的工作表标签,选中"移动或复制"。如图2-181所示。

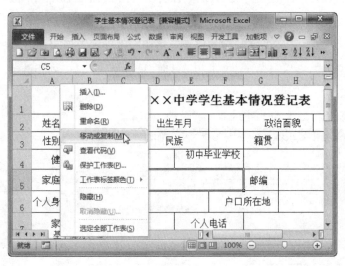

图2-181

图2-182

2)在弹出的"移动或复制工作表"对话框中,在工作簿中选择"班级学生管理系统的制作",选中"建立副本",如图2-182所示。在"高一"工作表前面插入一个"基本情况"登记表。

(2)"学生基本信息"工作表

1)根据班级管理的需要,可以制作如图2-183所示的表格。该工作表是根据学生填写的信息,再输入到该表中的,当然也可以直接把教务处的学生信息复制过来。

2)性别、出生年月和年龄可以由身份证号码自动生成。在性别、出生年月和年龄列中输入公式如下:

图 2-183

① 在 C4 单元格中输入显示性别的公式:"=(IF(D4="",""，IF(MOD(MID(D4,17,1),2)=1,"男","女")))"。MOD 函数的含义是:在 D4 单元格中从第 17 位开始取出 1 位数除以 2,当余数是 1 时,显示为男,否则为女(身份证倒数第二位表示性别)。

② 在 E4 单元格中输入显示出生年月的公式:"=IF(D4="",""，MID(D4,7,4)&"年"&MID(D4,11,2)&"月"&MID(D4,13,2)&"日")"。MID 函数的含义是,从 D4 单元格中的第 7 位开始取出 4 位的数值加上"年",再加上 D4 单元格中从第 11 位开始取出 2 位的数值加上"月",再加上 D4 单元格中从第 13 位开始取出 2 位的数值加上"日"。

③ 在 F4 单元格中输入显示年龄的公式:"=IF(E4="",""，DATEDIF(E4,TODAY(),"Y"))"。TODAY()是显示当前日期的函数,DATEDIF 是判断两个时间差的函数,Y 表示两个时间差用"年"显示出来("M"显示为月数,"D"显示为天数)。然后选中该单元格下拉,进行公式的单元格填充。

④ 在 G1 单元格中输入统计男女生人数的公式:"="男生"&COUNTIF($C$4:$C$58,"男")&"人,"&"女生"&COUNTIF($C$4:$C$58,"女")&"人,"&"全班共"&COUNTA(B4:B58)&"人。""。

输入公式后的表格如图 2-184 所示。

(3) 复制若干工作表

1) 学生行为表现量化考核表

把后面"4.01 制作量化考核登记表"一节制作的三个年级的学生行为表现量化考核表,利用上面介绍的方法复制到"班级学生管理系统"中来。如图 2-185 所示。

2) 与 Word 链接的工作表

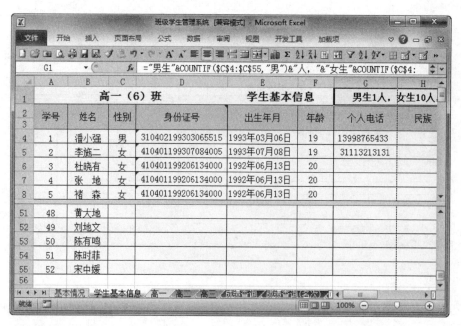

图 2-184

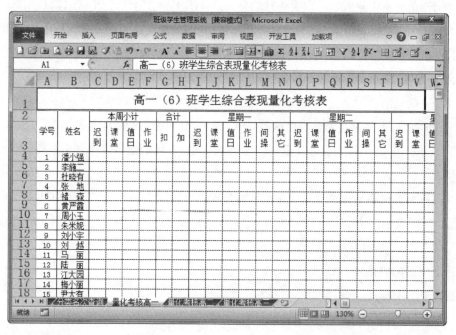

图 2-185

① 把在"2.09 学生家长通知书使用文档"一节中制作好了的"链接 Word 文档",复制到"班级

学生管理系统”中来。如图 2－186 所示。

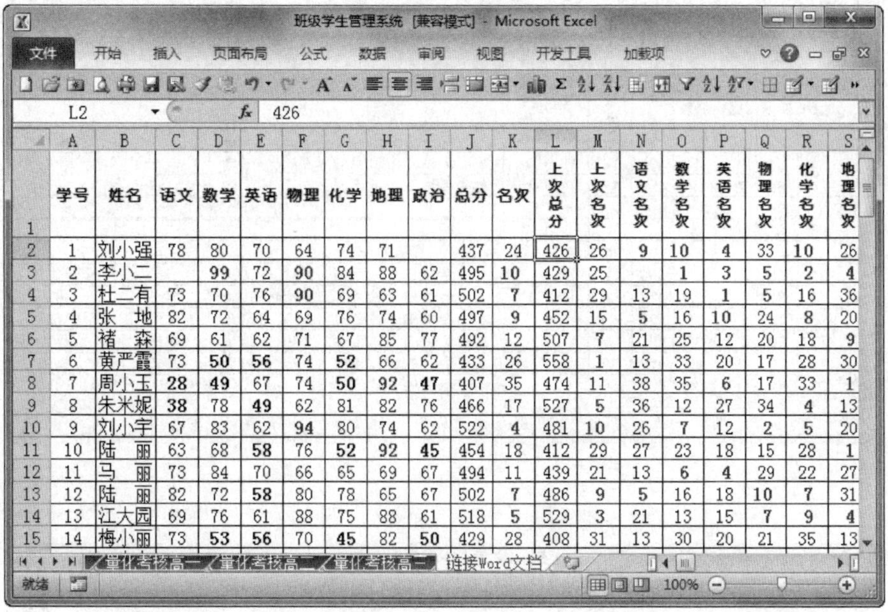

	A	B	C	D	E	F	G	H	I	J	K	L	M	N	O	P	Q	R	S
1	学号	姓名	语文	数学	英语	物理	化学	地理	政治	总分	名次	上次总分	上次名次	语文名次	数学名次	英语名次	物理名次	化学名次	地理名次
2	1	刘小强	78	80	70	64	74	71		437	24	426	26	9	10	4	33	10	26
3	2	李小二		99	72	90	84	88	62	495	10	429	25		1	3	5	2	4
4	3	杜二有	73	70	76	90	69	63	61	502	7	412	29	13	19	1	5	16	36
5	4	张　地	82	72	64	69	76	74	60	497	9	452	15	5	16	10	24	8	20
6	5	褚　森	69	61	62	71	67	85	77	492	12	507	7	21	25	12	20	18	9
7	6	黄严霞	73	50	56	74	52	66	62	433	26	558	1	13	33	20	17	28	30
8	7	周小玉	28	49	67	74	50	92	47	407	35	474	11	38	35	6	17	33	1
9	8	朱米妮	38	78	49	62	81	82	76	466	17	527	5	36	12	27	34	4	13
10	9	刘小宇	67	83	62	94	80	74	62	522	4	481	10	26	7	12	2	5	20
11	10	陆　丽	63	68	58	76	52	92	45	454	18	412	29	27	23	18	15	28	1
12	11	马　丽	73	84	70	66	65	69	67	494	11	439	21	13	6	4	29	22	27
13	12	陆　丽	82	72	58	80	78	65	67	502	7	486	9	5	16	18	10	7	31
14	13	江大园	69	76	61	88	75	88	61	518	5	529	3	21	13	15	7	9	4
15	14	梅小丽	73	53	56	70	45	82	50	429	28	408	31	13	30	20	21	35	13

图 2－186

② 为了使得上次没有参加考试或者本次没有参加考试时，在 BX 列的汇总中不出现错误的运算结果，仍然能够出现除两次考试成绩的结果以外的其他评语，需要更改 AL 列中的公式为：“＝IF(OR(J4＝"",L4＝""),"","本次考试与上次考试比较"&IF(K4-M4>15,"退步较大了，退步了"&K4-M4&"名，要努力噢。",(IF(K4-M4>5,"有点退步，退步了"&K4-M4&"名，希望你努力。",(IF(K4-M4>0,"略有退步，退步了"&K4-M4&"名，希望你努力。",IF(M4-K4>15,"进步特别大，进步了"&M4-K4&"名，希望继续努力噢。",IF(M4-K4>10,"有较大的进步，进步了"&M4-K4&"名，希望继续努力噢。",IF(M4-K4>5,"有进步，进步了"&M4-K4&"名，希望继续努力噢。",IF(M4-K4>0,"有一定的进步，进步了"&M4-K4&"名，希望继续努力噢。","，名次位置相同，希望你努力。"))))))))))”。如图 2－187 所示。该公式的含义是，当 J 列或者 L 列中有空单元格时，显示为空，否则进行判断分析。读者可以根据需要更改相关内容。

所有工作表复制过来后，每个工作表中 B 列的学生姓名，都与“学生基本情况”工作表中 B 列的学生姓名相链接。这样，当“学生基本情况”工作表中的学生姓名变化时其他工作表的学生姓名会自动更新。

(4) 制作自动更新的学生成绩单

利用“2.03 自动更新的学生成绩通知单”一节制作的方法，以“链接 Word 文档”工作表中的 B2 到 K53 区域的数据为数据源，制作一个自动更新的成绩通知单。如图 2－188 所示。

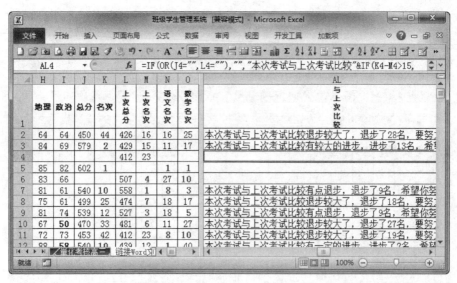

图 2-187

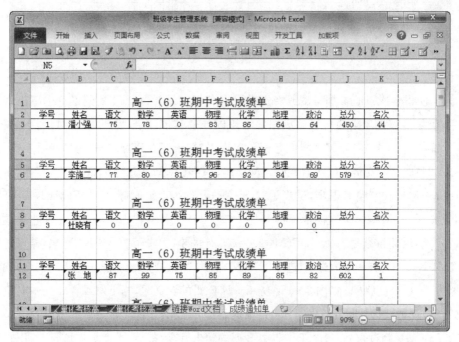

图 2-188

(5) 制作班级收支账目表

1) 制作账目表。利用 Excel 工作表可以方便地记录日常账目，既可以是班级的收支账目，也可以是个人、家庭的收支账目，还可以是部门的简单收支账目。在 F3 单元格中输入公式"=F2+D3-E3"，按回车键即可。然后选中 F3，光标置于 F3 单元格的右下角，当光标变为"╋"字形时向下拖动 F3 黑方框,即可得到现金余额。随着收支项目的增加,继续拖动,可以自动地计算出余额的多少。如图 2-189 所示。

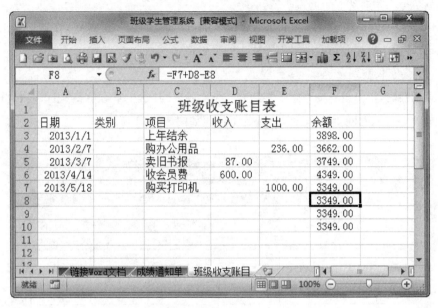

图 2-189

2) 设置表格格式

① 插入表格。选中 A2 到 F12 单元格区域,在"插入"选项卡的"表格"组中,点击"表格"按钮,在"创建表"对话框中,点击"确定"。如图 2-190 所示。

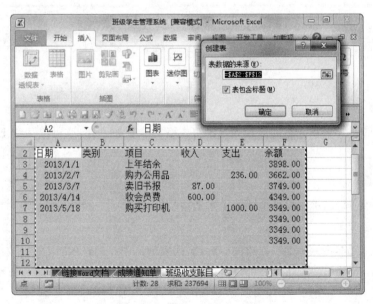

图 2-190

② 设置表格格式。插入表格后，当选中表格中任意单元格时，上面出现"表格工具"栏，点击"设计"选项卡，可以点击"快速样式"按钮，选择自己喜欢的表格样式。表格设置完成后，还可以通过拖动表格右下角改变表格的大小区域。

③ 删除表格格式。如果要删除插入的表格格式，点击"快速样式"按钮，在下端点击"清除"，然后再点击"转换为区域"按钮，即可删除插入的表格格式。

(6) 学生家长会家长签到表

召开家长会时，可以设置一个家长签到表。学生姓名与"学生基本信息"工作表相链接，I1和J1单元格合并后插入时间函数。设置好后的工作表如图2-191所示。

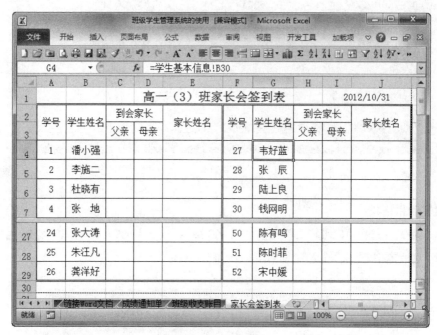

图2-191

(7) 学生座位表

学生座位表，除了前面介绍的应用 Word 的表格功能制作以外，还可以运用 Excel 表格制作座位表的模板。

1) 选择设置单元格。

① 按下"Ctrl"键，用鼠标点击不同的单元格，间隔地选择若干个单元格，并设置该单元格的边框。如图2-192所示。

② 按下"Ctrl"键，用鼠标点击左边的行标题，间隔地选中有边框的行，在"开始"选项卡的"单元格"组中，点击"格式"按钮，选中"行高"，设置"行高"的值为"29"，再选中相关的列，设置大小列宽分别为"12"和"4"。如图2-193所示。

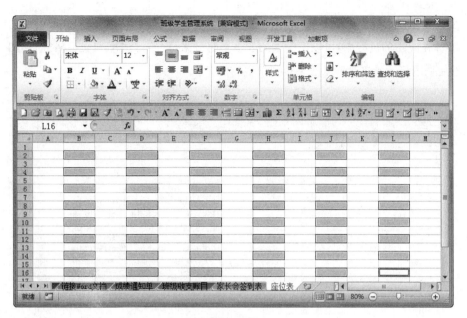

图 2-192

图 2-193

第 2 章 班级教育教学管理应用实例

2）输入学生姓名

① 实际在应用的过程中，可以把学生的名字复制过来，设置好边框和文字格式，如图2-194所示。然后采用移动或复制的方法来排列学生的位置。

图2-194

② 设置页面的格式。完成的表格如图2-195所示。当学生的座位出现整体左移时，可以先把左边一列B3到B17单元格复制到右边备用，再选中D3到L17单元格，复制后再粘贴到B3到J17单元格。再把复制到右边的原第一列内容再复制到L3到L17单元格中。用此方法可以对学生的座位进行重新排列。

（8）班级学生管理系统的使用

上面制作的班级学生管理系统，可以极大地提高班级管理的效率，在"高一"、"高二"、"高三"三个工作表中输入相关考试成绩后，在各种查询工作表中都可以自动显示出相应数据。下面介绍其他几个常见的使用方法。

1）应用排序功能

① 在"高一"工作表中，选中3到55行（或A3到CU55区域），在"开始"选项卡的"编辑"组中，点击"排序和筛选"按钮，若直接点击"升序"或"降序"按钮，默认以A列进行排序。一般可以选择"自定义排序"。如图2-196所示。

② 在弹出的"排序"选项卡中，可以选中右上角的"数据包含标题"项，在主要关键字中，选择一个排序的列，"排序依据"中一般默认"数值"，在"次序"中可以选择"升序"或是"降序"。如图2-197所示。

图 2-195

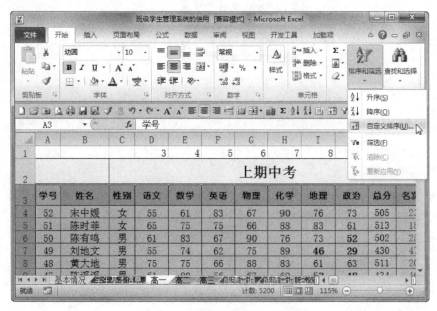

图 2-196

181　第 2 章　班级教育教学管理应用实例

图 2-197

③ 点击"添加条件",可以添加"次要关键字",图中表示当数学按"降序"排序分数相同时,就按英语"升序"排序。点击"选项",在"排序选项"对话框中,排序方向一般是"按列排序",排序方法可以选择按"字母排序"还是按"笔划排序"。如图 2-198 所示。"选项"功能一般可以按默认选项。

图 2-198

④ 点击"确定"后,排序的结果如图 2-199 所示。数学按"降序"排序分数相同时,就按英语"升序"排序。

2) 应用筛选功能

① 选中 A3 到 A55 单元格区域,在"开始"选项卡的"编辑"组中,点击"排序和筛选"按钮,再点击"筛选",则在每个单元格上添加一个三角形的下拉框按钮。如图 2-200 所示。再次点击可以取消该按钮。

② 点击某一单元格中的小三角形下拉框按钮,如选择物理学科,点击"数字筛选",在此可以设置各种条件进行筛选,如选择"小于或等于"。如图 2-201 所示。也可以在此对该列进行"升序"或"降序"排列。

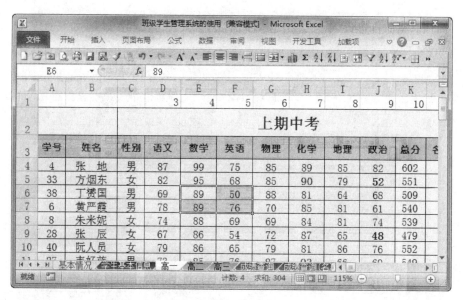

图 2-199

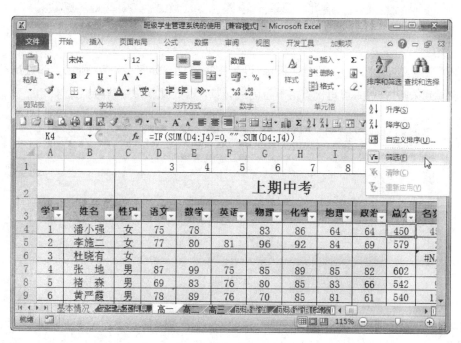

图 2-200

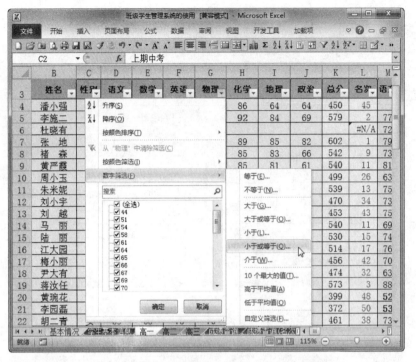

图 2-201

③ 在"自定义自动筛选方式"对话框中,设置筛选条件。如图 2-202 所示。筛选出结果后,如果要恢复到未筛选状态,可再次点击下拉列表,然后点击"从物理中清除筛选"即可。

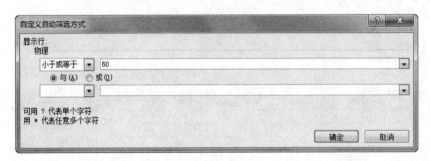

图 2-202

3) 高级筛选的应用

高级筛选功能可以设置更加复杂的筛选条件。如要筛选出"语文、数学、英语三科同时满足大于 75 分,或者物理或者化学大于 90 分,或者总分大于 570 分"的学生,设置方法如下:

① 高级筛选需要设置条件区域,把 D3 到 K3 单元格区域的学科名称复制到 D75 到 K75 区域,然后在学科下面输入条件,同一行的表示同时满足的条件,表示"和"的意思,不同行的表示

"或"的意思。然后选中 A3 到 K55 单元格,在"数据"选项卡的"排序和筛选"组中点击"高级"按钮。如图 2-203 所示。

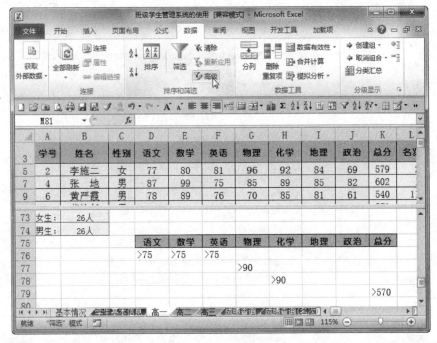

图 2-203

② 在弹出的"高级筛选"对话框中,"列表区域"自动出现引用的单元格区间"$A$3:$K$55",光标再置于"条件区域"输入框中,用鼠标从 D75 拉到 K79,再选中"将筛选结果复制到其他位置",将光标置于"复制到"输入框中,用鼠标点击一下 A82 单元格。如图 2-204 所示。然后点击"确定"。

③ 筛选的结果如图 2-205 所示。在 A82 到 K89 单元格区域显示了语文、数学、英语三科同时满足大于 75 分,或者物理或者化学大于 90 分,或者总分大于 570 分的学生。如果要显示这些学生的所有考试成绩,列表区间应该选择 A3 到 CU55 区间的单元格。在应用时可以根据不同的需要设置筛选条件。如图 2-205 所示。

图 2-204

4) 链接 Word 文档的使用

在"链接 Word 文档"工作表中,如图 2-206 所示。C 列到 I 列中的数据不是自动更新的,要根据需要将三个年级工作表中的不同的考试成绩复制过来,一方面该成绩可以自动与 Word 文档相链接(参见 1.04 批量制作学生家长通知书),另一方面可以自动更新"成绩通知单"工作表中的数据。

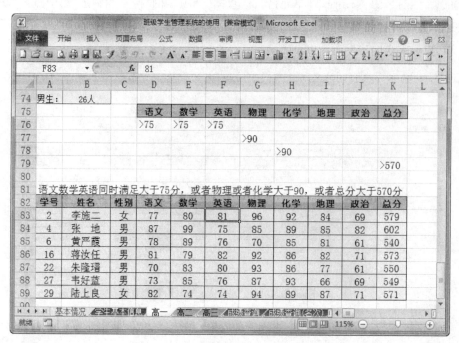

图 2-205

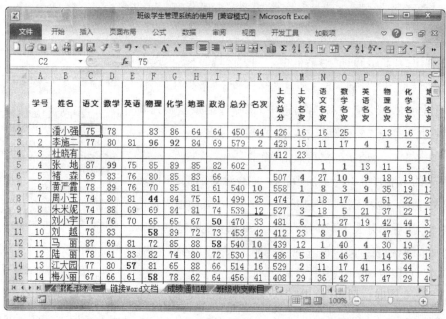

图 2-206

第3章 家长会使用文档的制作

召开学生家长会是班主任经常要做的工作。召开会议之前,需要制作PPT文档,方便与家长交流和汇报学生的在校表现情况。下面以一个班级家长会的PPT制作为例,说明如何制作家长会上使用的PPT文档。

3.01 家长会PPT文档

会议开始之前,要播放几张幻灯片,表示对家长到来的欢迎,以及签到后的注意事项。

(1) 制作幻灯片母版

为了让幻灯片有统一的格式,可以制作一个幻灯片母版。幻灯片母版的设置方法如下:

1) 编辑幻灯片母版

① 进入幻灯片母版编辑状态。在"视图"选项卡的"母版视图"组中,点击"幻灯片母版"按钮。如图3-1所示。

② 设置幻灯片背景图案。在出现的"幻灯片母版"选项卡的"背景"组中,点击右下角的对话框打开按钮,在弹出的"设置背景格式"对话框的"填充"选项卡中,选中"图片或纹理填充",可以选择"纹理",也可以插入图片。要插入图片,在"插入自"下面点击"文件"。如图3-2所示。然后在电脑中找到需要插入的图片。

③ 也可以直接复制图片到幻灯片母版上。如图3-3所示。

④ 设置图片格式。比如将插入的图片水平翻转,选中该图片,在"图片工具"的"格式"选项卡的"排列"组中,点击"旋转"按钮,选中"水平翻转",可以把图片左右旋转180度。如图3-4所示。

⑤ 调整图片大小,放置在适当位置,选中几个图片,在"图片工具"的"格式"选项卡的"排列"组中,点击"组合"按钮,把几个图片组合起来。如图3-5所示。

2) 插入新的幻灯片母版

① 添加新幻灯片母版。在图3-2中点击左上角的"插入幻灯片母版"按钮,这样在文档左边可以看到添加了一个新的幻灯片母版组。可以在新的幻灯片母版上添加图片。如图3-6所示。

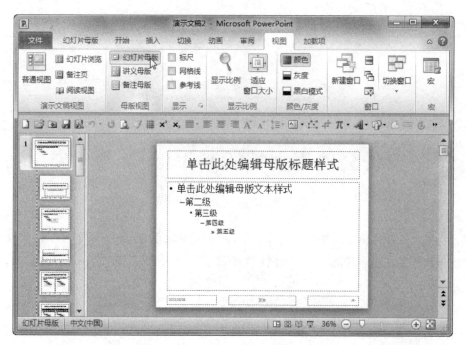

图 3-1

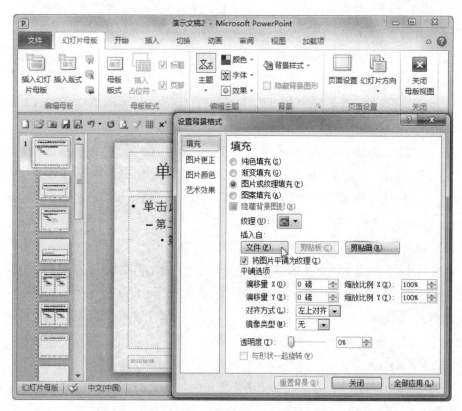

图 3-2

图 3-3

图 3-4

图 3-5

图 3-6

② 设置图片格式。点击添加的图片,在出现的"图片工具"栏中的"格式"选项卡中,可以设置图片的格式,比如设置"图片效果",点击"图片效果"按钮,设置"柔化边缘"为"50 磅"。如图 3-7 所示。

图 3-7

3) 插入矩形图片并设置半透明格式

① 插入矩形框,再选中该矩形框,点击"形状样式"组右下角的对话框启动器按钮。如图 3-8 所示。

② 在弹出的"设置形状格式"对话框的"填充"对话框中,选中"渐变填充",在"渐变光圈"的设置条上,点击渐变光圈设置条,可以添加若干个渐变光圈标记"⇩"(也可以点击右边的绿十字和红叉按钮,添加和删除渐变光圈标记),分别点击五个渐变光圈标记,调整"位置"分别为"20%,40%,60%,80%,100%","颜色"均选择白色,透明度分别设置为"0%,20%,40%,75%,90%"。如图 3-9 所示。

③ 调整矩形线框的大小,一个矩形白色渐变线框遮盖在原图片上。设置完成后的幻灯片母版如图 3-10 所示。

图 3-8

图 3-9

图 3-10

(2) 应用设计模板添加幻灯片

在图 3-2 中,点击右上角的"关闭母版视图"按钮,回到普通视图状态,然后保存文档。由于有两个幻灯片母版,在添加幻灯片时可以有两个设计模板供选择。

1) 应用设计模板

在普通视图状态,可以看到第一个幻灯片应用了第一个母版,选中左边第一个幻灯片,按下"Ctrl+D",可以复制出与原来版式一样的幻灯片,如复制了三个幻灯片,这时共有四个幻灯片。想改变第四个幻灯片的版式(应用另一个母版),选中该幻灯片,在"设计"选项卡的"主题"组中,可以看到上面有一些设计的版式,点击右边的下拉按钮,看到自定义的两个母版,右击准备更换的版式,选中"应用于选定的幻灯片"。如图 3-11 所示。则第四张幻灯片就应用第二个母版了。选中第四张幻灯片,按下"Ctrl+D",可以复制出多张应用该版式的幻灯片。

2) 添加幻灯片

在"开始"选项卡的"幻灯片"组中,点击"新建幻灯片"按钮,选中某一幻灯片样式,点击一下,即可添加符合自己要求样式的幻灯片。如图 3-12 所示。

(3) 设置幻灯片文字

1) 第一张幻灯片的设置

① 插入文本框。输入文字并设置文字格式。"欢迎各位家长"设置成"华文彩云"、"66"号,"来参加家长会"设置成"方正综艺简体"、"99"号。如图 3-13 所示。

图 3-11

图 3-12

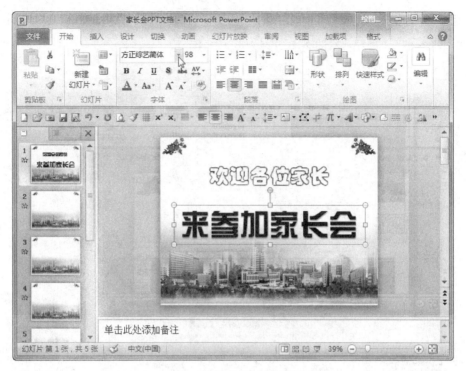

图 3-13

② 设置文本框填充格式。选中文本框,自动出现"绘图工具"栏,在"格式"选项卡的"形状样式"组中,点击设置外观样式的下拉按钮,在此选择喜欢的填充样式。如图 3-14 所示。

图 3-14

③ 设置文字格式。选中文本框,在"格式"选项卡的"艺术字样式"组中,点击"快速样式"按钮,在此选择一种文字的样式。如图 3-15 所示。

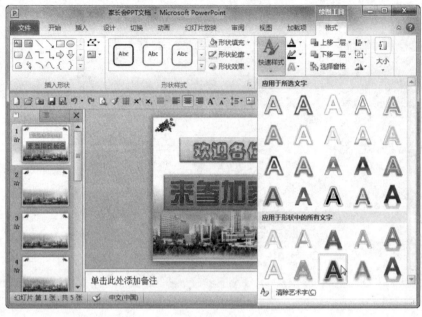

图 3-15

④ 插入日期。插入文本框,光标置于其中,在"插入"选项卡的"文本"组中,点击"日期和时间"按钮,在弹出的"日期和时间"对话框中,语言选择"中文(中国)",然后选择一种时间格式,再选中下面的"自动更新"。以后打开文档,显示的都是当天的时间。如图 3-16 所示。

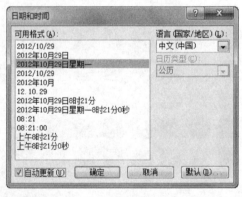

图 3-16

2) 设置第二张幻灯片

"欢迎您的到来"可以从前面复制过来再修改文字内容即可,"请签到"设置成"迷你简祥隶"、

"166"号,文字格式的设置参见图3-15。设置完成后的文字格式如图3-17所示。

图3-17

3) 第三张幻灯片的设置

输入文字,"欢迎您"设置成"华文琥珀"、"166"号,可以添加发光效果,选中文本框,在"绘图工具栏"中的"格式"选项卡的"艺术字样式"组中,点击"文本效果"下拉框按钮,在"发光"项目中,选择一种发光的样式。如图3-18所示。

4) 第四张幻灯片座位表的设置

① 输入有关文字,参见前面的方法设置文本框格式,在"插入"选项卡的"表格"组中,点击"表格"按钮,再选中"插入表格"按钮,插入一个8列10行的表格。再在"设计"选项卡的"背景"组中,选中"隐藏背景图形",这样原来的背景即被隐藏。如图3-19所示。

② 设置表格格式。选中表格,在"表格工具"栏中,选择"设计"选项卡,选择一种表格的样式。如图3-20所示。

5) 插入表格文字

① 可以把图2-184中的学生姓名复制到表格上。选中图2-184中的B4到C43单元格,按下"Ctrl+C",在新的Excel工作表中,点击一下空单元格A1,在"开始"选项卡的"剪贴板"组中,点击"粘贴"按钮,选中"转置"复制。原来竖排的文字变成了横排。如图3-21所示。

图 3-18

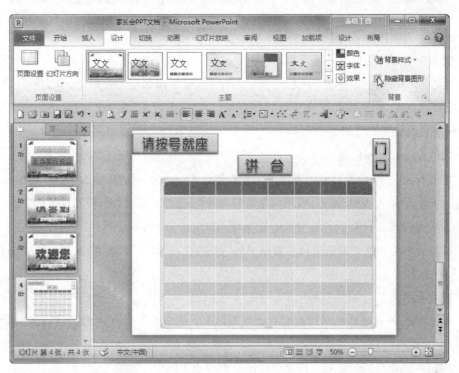

图 3-19

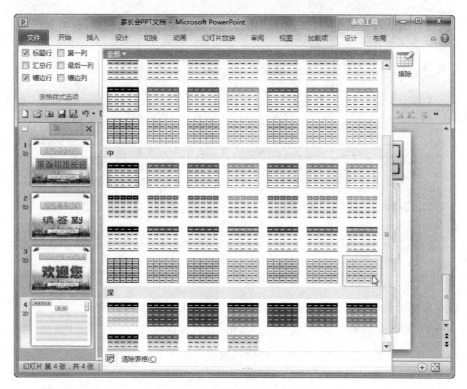

图 3-20

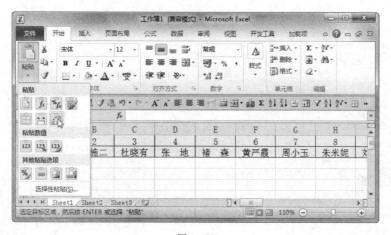

图 3-21

② 利用复制粘贴的方法，把表格文字排成如图 3-22 所示的格式。选中 A1 到 H10 单元格，按下"Ctrl+C"，再在 PPT 文档的表格中，按下"Ctrl+V"，将文字复制到 PPT 文档的表格中。

图 3-22

③ 设置文字及表格格式。设置表格文字格式,表格文字设置为黑体 20 号字,上、下和左、右都居中。选中表格,在"表格工具"栏的"设计"选项卡的"表格样式"组中,点击"效果"按钮旁边的下拉按钮,在"单元格凹凸效果"中,选择一种棱台效果。如图 3-23 所示。

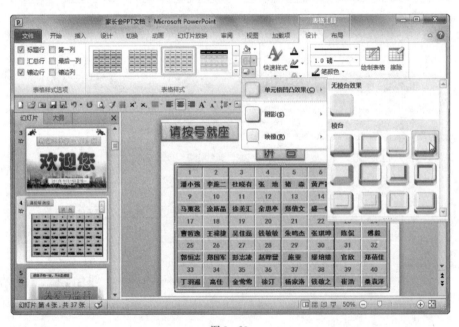

图 3-23

④ 设置表格边框。表格的边框比较单调,可以另外画出一个矩形框,矩形框的格式设置如图 3-24 所示。中间再画出三条竖线,适当调整位置即可。

图 3-24

6）第五张幻灯片

可以把前面的有关文本框复制过来，点击文本框，在"绘图工具"栏的"格式"选项卡的"形状样式"组中，可以设置文本框的格式，在"艺术字样式"组中，可以设置字体的格式。如图 3-25 所示。

图 3-25

7) 第六张幻灯片

画出一个"圆角矩形"图片，调整小黄棱形块的位置。在"绘图工具"栏的"格式"选项卡的"形状样式"组和"艺术字样式"组中，设置文本框和艺术字样式。如果想添加文字的发光效果，可以在"艺术字样式"组中，点击"文本效果"按钮，在"发光"选项中选择一个发光的样式。如图 3-26 所示。

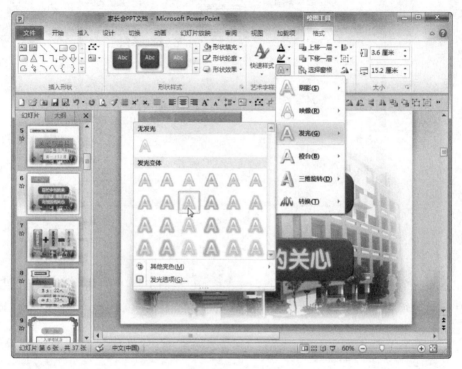

图 3-26

8) 第七张幻灯片

文本框中输入文字后，设置文字的格式。"＋"号的输入，可以通过在"开始"选项卡的"绘图"组中或者在"绘图工具"栏的"格式"选项卡中的"插入形状"组中，在"公式形状"项目中选择一个"加号"。如图 3-27 所示。同理在"公式形状"组中，插入一个等号。并可设置"进入"为"擦除"的动画效果。

9) 第八张幻灯片

内容文字设置方法与前面的方法类同。再插入一个图片，将图片和文本框组合。选中这几个对象，在"绘图工具"栏的"格式"选项卡的"排列"组中，点击"组合"按钮。如图 3-28 所示。可以把几个对象组合起来。

10) 第九张幻灯片

如果需要可以在文档上插入一张图片，在图片上仍然可以插入文本框，用前面的方法对文本框及文字进行格式的设置。如图 3-29 所示。

图 3-27

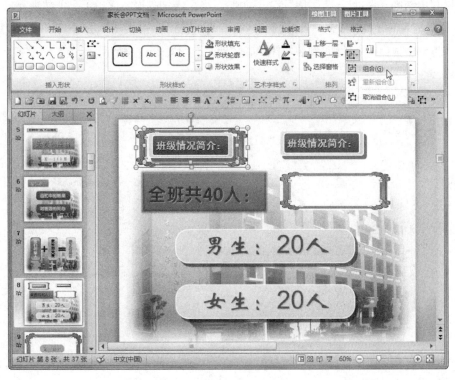

图 3-28

203　第 3 章　家长会使用文档的制作

图 3-29

11) 最后一张幻灯片

可以利用动画效果,设置文字的"进入"动画。文字"谢谢大家",应用了三个动画效果。

① 对象进入的"缩放"效果。在"动画"选项卡的"动画"组中,点击"动画样式"的下拉框按钮,在"进入"类别中选择一个动画,例如选择"缩放"动画。如图 3-30 所示。

图 3-30

② 再次选中文字对象，在"高级动画"组中，点击"添加动画"，在"强调"类别中点击"放大/缩小"动画。在右边的动画窗格中，双击添加上的该动画标记符，在出现的"放大/缩小"对话框的"效果"选项卡中，可以设置放大的倍数，例如"120％"。如图 3-31 所示。"自定义"的比例数值输入后要按回车键才可以生效。

图 3-31

③ 再次选中文字对象，在"高级动画"组中，再次点击"添加动画"，在"动作路径"类别中选择"直线"路径的动画。添加上了动作路径为直线的动画。如图 3-32 所示。还可以通过拖动动作路径上的红三角终点符，改变动作路径。

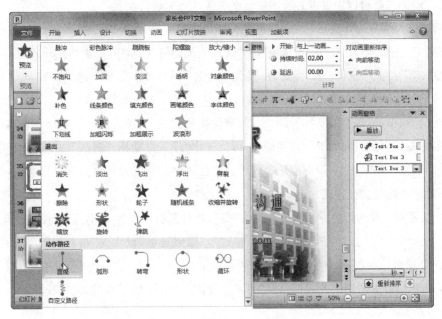

图 3-32

④ 再设置下面文本框的"进入"动画为"切入"。所有动画都同时动作。设置好后的幻灯片如图 3-33 所示。

图 3-33

(4) 设置切换方式

幻灯片间的过渡可以通过"切换"选项卡中的各种选项进行设置。

1) 第一张幻灯片的切换

① 选中第一张幻灯片,在"切换"选项卡的"切换到此幻灯片"组中,点击切换样式右边下拉框按钮,在众多的切换方式中选择一种,例如第一张幻灯片选择的切换方式为"涟漪",如图 3-34 所示。

② 对于每一种切换方式,都可以在右边"效果选项"中,选择切换方式的方向。如图 3-35 所示。在"计时"组中,可以设置切换时的"声音"和切换过程的"持续时间"。在"换片方式"中,默认是"单击鼠标时"进行切换,如果想自动切换,可以选中"设置自动换片时间",并输入时间,这样幻灯片会自动切换。如果选中"全部应用",则所有幻灯片都按照这种切换方式进行切换,否则只是该张幻灯片应用这种切换方式。

2) 第二张幻灯片的切换方式可以设置为"门",效果选项设置为"垂直"。如图 3-36 所示。

3) 第三张幻灯片的切换方式可以设置为"框","效果选项"设置为"自右侧"。如图 3-37 所示。或者"自顶部"。

4) 第四张幻灯片的切换方式可以设置为"立方体","效果选项"设置为"自底部"。如图 3-38 所示。

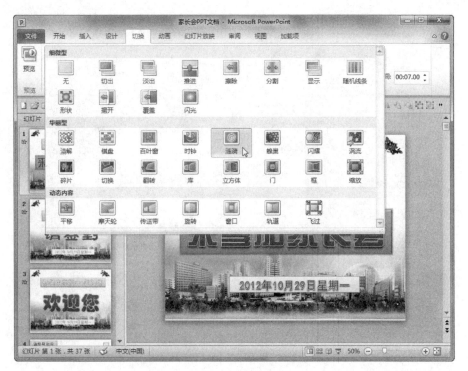

图 3-34

图 3-35

图 3-36

图 3-37

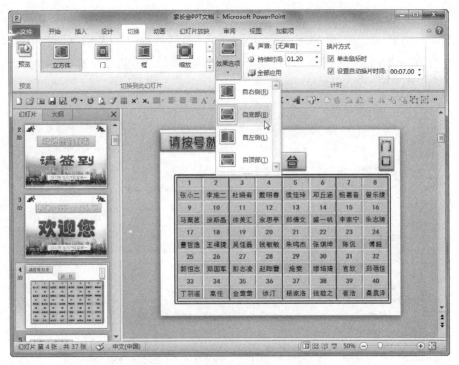

图 3-38

3.02 PPT 文档中插入声音文件

幻灯片中常常需要插入声音文件。例如家长会开始之前,在播放幻灯片时可以添加背景音乐。声音文件插入的方法如下:

(1) 文档中直接插入声音文件

1) 声音文件的插入

① 在"插入"选项卡的"媒体"组中,点击"音频"按钮,选中"文件中的音频"。如图 3-39 所示。

② 在打开的"插入音频"对话框中,找到声音文件的位置,插入即可。如图 3-40 所示。

2) 声音文件格式的设置

点击插入的声音小喇叭图标,在幻灯片上出现播放工具条,在播放工具条上可以直接点击播放按钮试听声音。如图 3-41 所示。在上面自动出现的"音频工具"栏的"格式"选项卡中还可以设置小喇叭图标的格式。

3) 声音播放的设置

① 声音的剪裁。如果只需要声音文件的一部分内容,可以利用剪裁工具对声音文件进行剪

裁。点击"音频工具"栏中的"播放"选项卡,在"编辑"组中点击"剪裁音频"按钮,在得到的"剪裁音频"文件工具框中,点击"试听"按钮进行试听,并记下准备剪裁的"开始时间"和"结束时间",然后拉动左边绿色的"开始时间"定位条,确定开始的位置,再拉动右边红色的"结束时间"定位条。确定结束的位置。点击"确定"即可。如图 3-42 所示。

图 3-39

图 3-40

图 3-41

图 3-42

第 3 章　家长会使用文档的制作

② 背景音乐跨幻灯片播放。要想在幻灯片切换过程中连续播放背景音乐，点击小喇叭图标，在出现的"音频工具"栏的"播放"选项卡中，在"音频选项"组中，点击"开始"项目右边的下拉按钮，选中"跨幻灯片播放"，如图3-43所示。选中"放映时隐藏"，在放映时可以隐藏小喇叭图标，还可以选择"循环播放，直到停止"。不过，上面对音频文件的裁剪，只有在"自动"和"单击时"才起作用，在"跨幻灯片播放"时，将从音频文件的开头播放。

图3-43

4）压缩声音文件

如果插入的声音文件过大，可以通过下述方法压缩文件。点击左上角的文件，在"信息"选项卡中，点击"压缩媒体"按钮，选择"演示文稿质量"。如图3-44所示。可以把音频文件压缩得很小。视频文件也可以通过这种方法进行压缩。

(2) 利用切换方式插入声音文件

声音文件的另一种插入方式是通过切换的方式插入。

1）插入声音文件

① 在"切换"选项卡的"计时"组中，点击"声音"项目右边的下拉框，选择"其他声音"。如图3-45所示。

② 在电脑中找到需要插入的音频文件，不过这种方式插入的音频文件只能是wav格式。如图3-46所示。如果音频不是这种格式，可以通过软件进行格式的转换。如在网上下载一个"格式工厂"软件，用来转换图片、音频、视频等文件的格式。

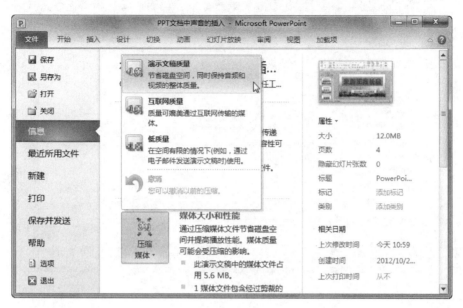

图 3-44

图 3-45

图 3-46

2) 声音的循环播放

如果声音文件较短,幻灯片文档较长,要让循环播放,可以在声音文件插入后,重新回到图3-45所示的状态,在图中下面点击"播放下一段声音之前一直循环",这样幻灯片可以循环播放同一个音频文件。

(3) 设置幻灯片声音的循环播放

上面方法插入的声音文件,虽然声音文件本身可以循环播放,但是如果幻灯片较少,声音文件较长,当幻灯片播放完时,声音没有播放完。如果幻灯片设置为循环放映,则幻灯片在重新开始放映时,声音也中断了,要重新从第一张幻灯片开始播放。这时可以尽量设置幻灯片的播放时间与声音文件的播放时间基本一致。当全部幻灯片播放结束的同时,声音也同时播放结束。

1) 确定声音文件播放时间

先确定声音文件的播放时间。直接插入声音文件,再点击小喇叭图标,在出现的"音频工具"栏中点击"播放"选项卡,在"编辑"组中点击"剪裁音频"按钮,在弹出的"剪裁音频"文件工具框中,可以看到声音的播放时间。如图3-47所示。播放时间约为30秒左右。

图 3-47

2) 设置幻灯片播放时间

由于要自动播放,在设置"切换"方式时,在"计时"组中,要选中"设置自动换片时间",这个时间是幻灯片在此停留的时间,"持续时间"是幻灯片在出现过程中所用的时间,所有幻灯片既可以设置相同的时间,也可以设置不同的时间,如图 3-48 所示。所有幻灯片的"持续时间"与"设置自动换片时间"相加应该约等于声音文件的播放时间。这样幻灯片放完时,音乐刚好结束。当循环重新从第一张幻灯片开始播放时,音乐也重新开始。

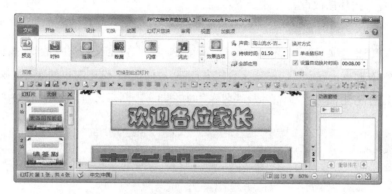

图 3-48

3) 设置放映方式

要让幻灯片循环播放,需进行如下设置,在"幻灯片放映"选项卡的"设置"组中,点击"幻灯片放映"按钮,在出现的"设置放映方式"对话框中,选中"循环放映,按 ESC 键终止"。如图 3-49 所示。这样幻灯片就可以循环播放了。

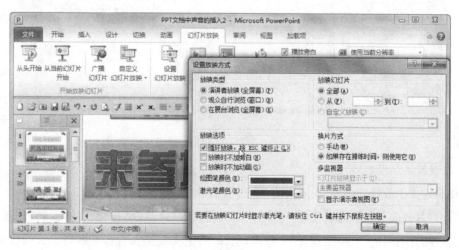

图 3-49

4) 幻灯片太少可以补充幻灯片

如果幻灯片太少,声音文件太长,播放时想保持声音文件的完整性,可以采用添加幻灯片的方式,即将原来的幻灯片复制若干张,如原来有四张幻灯片,复制后可以变成八张、十二张等,总之,要让幻灯片的播放总时间等于声音文件的播放时间。

(4) 部分幻灯片循环播放的设置

常常根据需要,只让部分幻灯片循环放映,如家长会开始前,只循环播放几张欢迎图片的幻灯片。部分幻灯片循环播放设置方法如下:

1) 设置"自定义幻灯片放映"

在"幻灯片放映"选项卡的"开始放映幻灯片"组中,点击"自定义幻灯片放映"按钮,弹出"自定义放映"对话框,在此点击"新建",在"定义自定义放映"对话框中,选中左边的准备放映的幻灯片,点击后"添加"到右边,在上面输入"幻灯片放映名称"。如图3-50所示。自定义的名称为"开会前"。

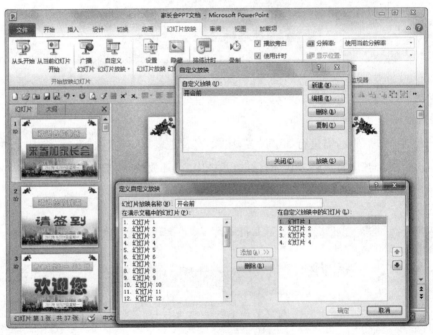

图3-50

2) 设置放映方式

前面自定义了放映的名称,在放映前,还要"设置放映方式"。

在"幻灯片放映"选项卡的"设置"组中,点击"设置幻灯片放映"按钮,在得到的"设置放映方式"对话框中,在右边的"放映幻灯片"选项中,选择"自定义放映",选择一种自定义的放映,如选择"开会前"。在"放映选项"中,选择"循环放映,按 ESC 键终止"。如图3-51所示。正式开会时,在"放映幻灯片"选项中再重新选中"全部"。

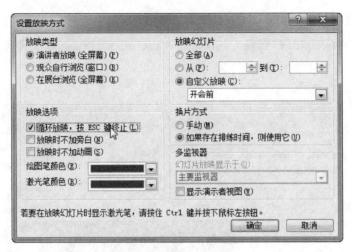

图 3-51

3.03 PPT 文档中插入视频文件

(1) 插入视频

学生的活动常常会拍摄成视频文件,要把视频文件插入到 PPT 文档中,可以采用"插入"的方法直接插入视频文件。在"插入"选项卡的"媒体"组中,点击"视频"按钮,选择"文件中的视频"。如图 3-52 所示。然后在电脑中找到视频文件插入即可。

图 3-52

(2) 设置视频格式

1）点击插入的视频，出现"视频工具"栏，在"格式"选项卡中，可以设置视频的格式。如图 3-53 所示。

图 3-53

2)"播放"选项的设置

① 在"播放"选项卡的"视频选项"组中，可以设置播放时的选项，在"编辑"组中，点击"剪裁视频"按钮，可以剪裁视频文件。如图 3-54 所示。

② 在弹出的"剪裁视频"对话框中，通过下面的工具条，可以剪裁视频。如图 3-55 所示。

3.04 PPT 文档中插入图片

学生的活动常常拍摄有很多照片，要把照片插入到 PPT 文档中。

(1) 直接插入图片

在"插入"选项卡的"图片"组中，点击"图片"按钮，可以直接把电脑中的图片插入到 PPT 文档中。

(2)"屏幕截图"图片

可以利用 PPT 自带"屏幕截图"工具，直接截取图片。在"插入"选项卡的"图片"组中，点击

图 3-54

图 3-55

"屏幕截图"按钮,"可用视窗"中显示的是已经打开的桌面各程序的视图,点击某一视图,可以把图片插入到 PPT 文档中。如果点击下面的"屏幕剪辑",如图 3-56 所示。可以通过鼠标拖动,在已经打开的程序视图中进行截图。如图 3-57 所示。

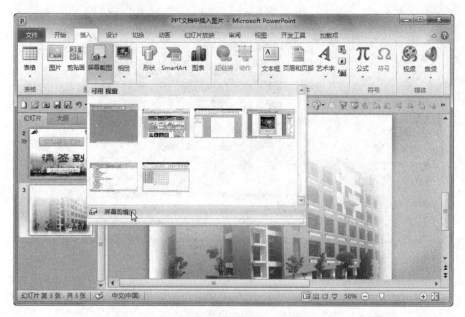

图 3-56

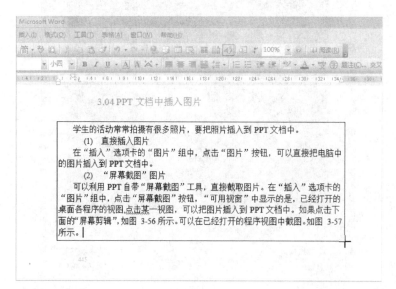

图 3-57

(3) 图片格式的设置

可以利用 PPT 程序自带的工具对插入的图片进行格式的设置。

1) 设置图片样式。

选中图片,在"图片工具"栏的"格式"选项卡的"图片样式"组中,点击上面的下拉框按钮,在众多的图片样式中选取一种样式。如图 3-58 所示。

图 3-58

2) 剪裁工具裁剪图片

如果图片的形状不符合自己的要求,可以对图片进行剪裁。在"格式"选项卡的"大小"组中,点击"裁剪"按钮,然后用鼠标拖动图片上出现的八个小操作柄,可以把图片剪裁成自己需要的大小。如图 3-59 所示。

3) 预设图形帮助剪裁

① 在"开始"选项卡的"绘图"组中,点击"形状"按钮,选择一种预设图形。如图 3-60 所示。选择"六边形"。

② 对自选图形进行填充。在"格式"选项卡的"形状样式"组中,点击右下角的对话框启动器按钮,在"设置图片格式"对话框"填充"选项卡中,选择"图片或纹理填充",再点击"文件"按钮,找到需要填充的图片。如图 3-61 所示。通过改变自选图形的大小可以改变图片的大小。

4) 图片的任意形状的剪裁

利用绘图工具,可以对图片进行任意剪裁。

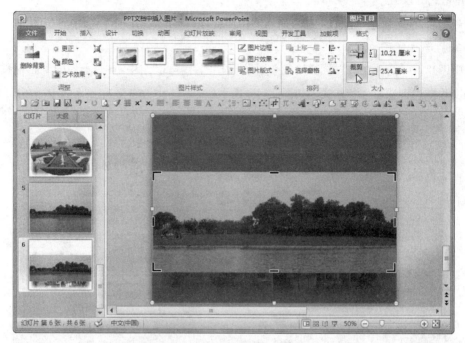

图 3-59

图 3-60

图 3-61

① 利用多边形工具画出一个多边形图片。为了作图规范，可以调出网格线，在"视图"选项卡的"显示"组中，点击"网格线"按钮，文档中可以出现网格线。在"开始"选项卡的"绘图"组中，点击"形状"按钮，点击"任意多边形"工具，按下"Shift"键，鼠标点击一下起始点，放开左键，用鼠标拖动，在转折处再点击一下左键，直到画出一个多边形，双击确认后退出。如图 3-62 所示。

② 利用图 3-61 的方法对绘制的图形插入准备剪裁的图片。如果想更改图片的形状，单击鼠标右键，选择"编辑顶点"，这时图片上出现若干个小黑点，可以拉动任意一个黑点，改变图片的形状，当点击某一黑点时，出现两个改变图片形状的小手柄（两个小白点和两条蓝色线），拖动小白点，可以任意改变图片的形状。如图 3-63 所示。

③ 改变形状后的图片如图 3-64 所示。利用此方法可以对图片进行任意剪裁。

(4) 创建相册

如果图片较多，可以创建相册。

1) 在"插入"选项卡的"图像"组中，点击"相册"按钮，再点击"新建相册，在弹出的"相册"对话框中，点击"文件/磁盘"。如图 3-65 所示。

2) 在弹出的"插入新图片"的对话框中，找到准备插入的图片文件夹，并选中相应的图片。如图 3-66 所示。

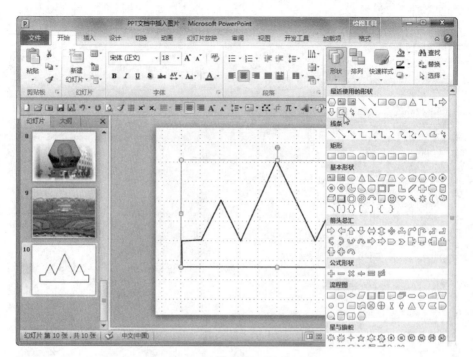

图 3-62

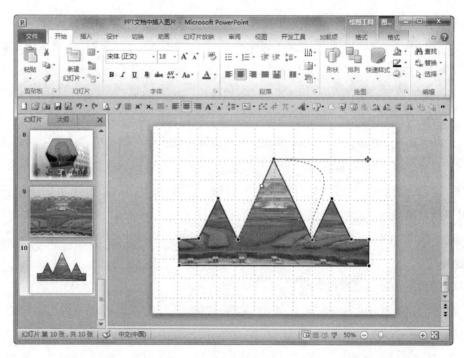

图 3-63

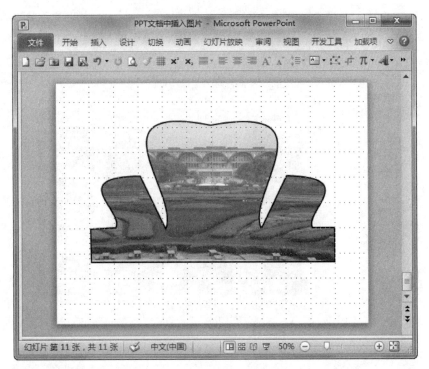

图 3-64

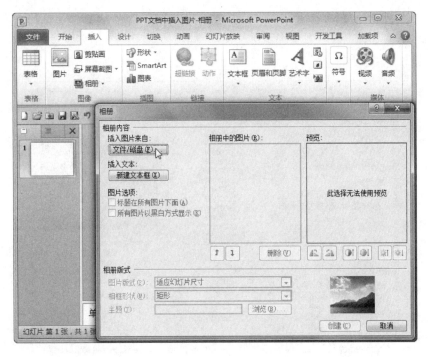

图 3-65

图 3-66

3）插入图片后，在"相册版式"的"图片版式"中，选择每一张幻灯片放置的照片张数。如图 3-67 所示。选择"4 张图片"。

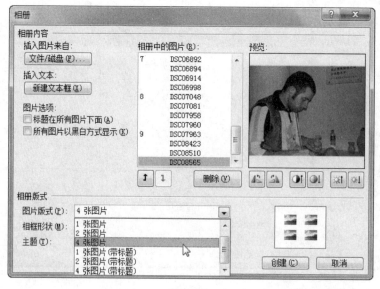

图 3-67

4）还可以在"相框形状"中选择自己喜欢的相框样式。如图3-68所示。选择"居中矩形阴影"。

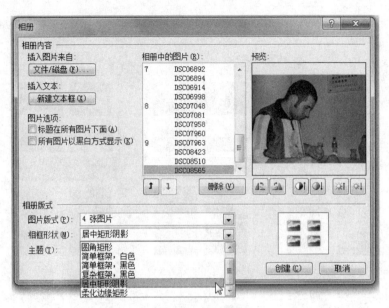

图3-68

5）插入图片后，也可以通过设置"格式"，设置图片的样式。选中幻灯片上的四个图片，在"格式"选项卡的"图片样式"组中，选中一个样式。如图3-69所示。也可以在设置完成后利用"格式刷"对图片的格式进行复制。

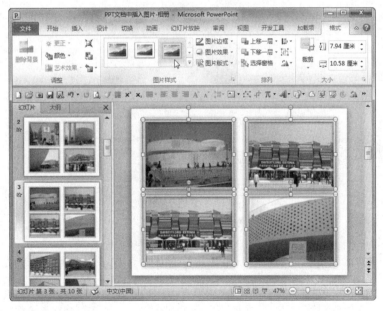

图3-69

6) 添加一个封面, 设置完成后的相册如图 3-70 所示。

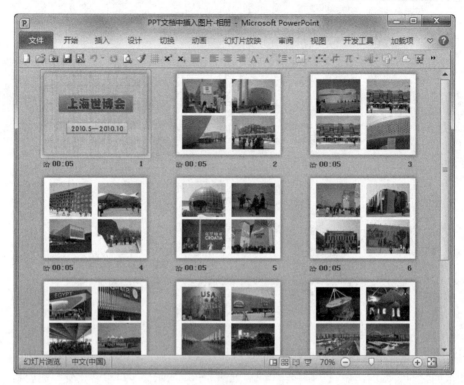

图 3-70

第 4 章　解放班主任——学生自己管理自己

为了使学生养成良好的行为习惯,同时培养学生的自主管理能力,可以利用学生自己管理自己,即学生自主管理,把班主任从日常烦杂的事务性工作中解放出来。

4.01　制作量化考核登记表

设计一个学生行为习惯的量化管理登记表,同时配合本学期学生表现量化结果的自动生成,使学生随时可以知道自己的行为习惯与别人比较还有多大的距离。由于所有的统计和管理都是由学生自己完成,所以班主任可以节省很多时间,同时也培养了学生自主管理的能力。学生每天填写的表格如图 4-1 所示,每周汇总到一起,学生可以经常看到自己的行为习惯量化考核分数及综合评定结果,实际的统计结果显示的表格如图 4-2 所示。学生自主管理行为习惯量化考核的

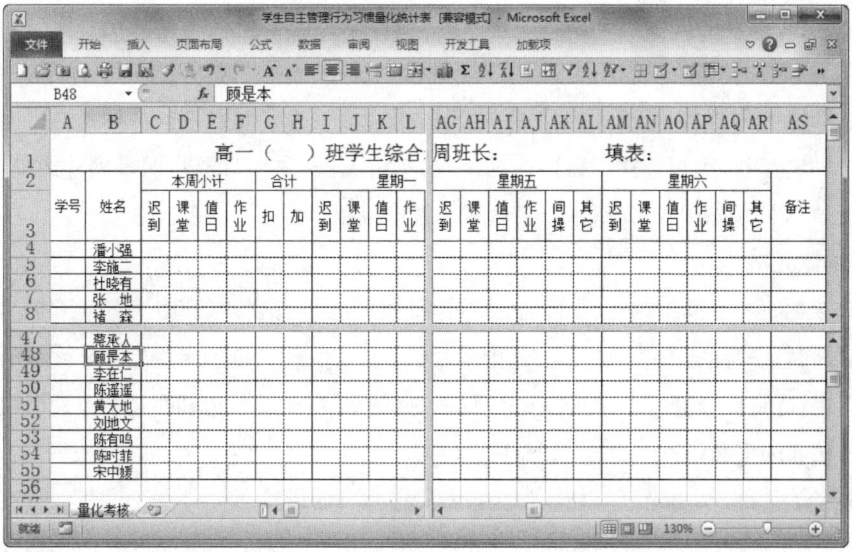

图 4-1

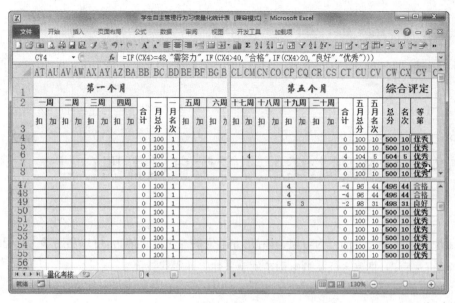

图 4-2

管理办法及有关表格的制作方法如下：

(1) 量化考核表格的制作

制作表格，输入有关文字，合并相应单元格，并设置文字居中排列。

1) 设置列宽。A 列的列宽设置为 "3"，B 列的列宽设置 "5"，再选中 C 列到 AR 列，在 "开始"选项卡的"单元格"组中，点击"格式"按钮，选中"列宽"，输入列宽为 "2.25"。如图 4-3 所示。AS 列的列宽设置为 "5"。

2) 单元格中虚线的设置

选中需要设置外边框实线中间虚线的单元格区域，在"开始"选项卡的"字体"组中，点击"其他边框"按钮，在弹出的"设置单元格格式"对话框的"边框"选项卡中，选中"样式"中的实线，再用鼠标点击"外边框"按钮，再选中"样式"中的虚线，然后点击"内部"按钮，即得到外边框实线，中间虚线的单元格区域。如图 4-4 所示。各区域均按此设置。

3) 冻结单元格

由于该表的行和列都比较多，在移动"水平滚动条"和"竖直滚动条"时为了能够看到行标题和列标题，需要将行、列标题冻结，方法是：选中单元格 C4，在"视图"选项卡的"窗口"组中，点击"冻结窗格"，再点击"冻结拆分窗口"。如图 4-5 所示。则单元格 C4 的上边和左边的单元格均被冻结。

(2) 量化考核表的页面设置

为了能够在一张 A4 纸上打印出该表格，需要进行页面设置。

1) 分页预览。在"视图"选项卡的"工作簿视图"组中，点击"分页预览"按钮，然后在分页预览视图中，用鼠标拖动出现的蓝色线条，调整第一页的打印区域内容。如图 4-6 所示。

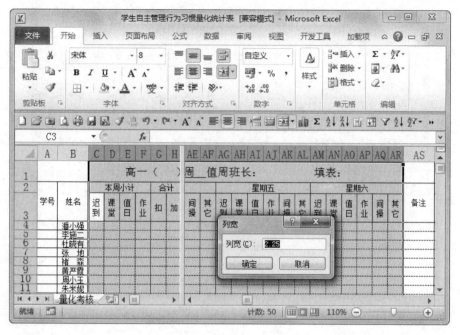

图 4-3

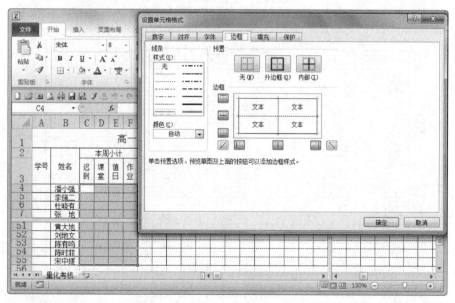

图 4-4

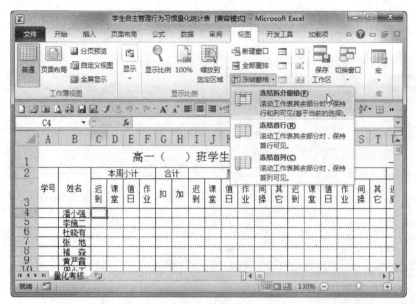

图 4-5

图 4-6

2) 设置打印区域。选中需要打印的区域，在"页面布局"选项卡的"页面设置"组中，点击"打印区域"按钮，再选中"设置打印区域"，即只打印该区域的内容。如图4-7所示。

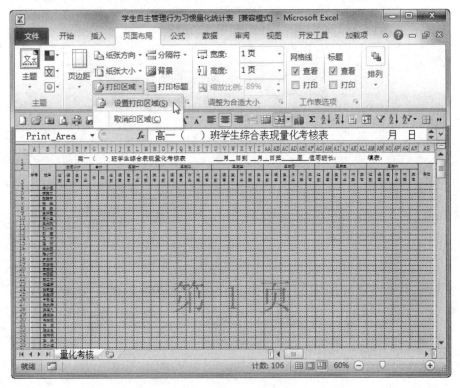

图4-7

3) 页面设置。设置了打印区域后，再点击"页面设置"组中右下角的对话框启动器，在"页面设置"对话框的"页面"选项卡中，"方向"选择"横向"，"缩放"选择"调整为""1页宽"和"1页高"。如图4-8所示。在"页边距"选项卡中，"居中方式"中的"水平"和"垂直"均选中。

4) 预览该页面。点击左上角的"文件"，在"打印"选项卡中可以看到打印的预览效果。如图4-9所示。

(3) 综合评定表的制作

1) 在相邻的考核表的右边 AT 到 BD 列中设置第一个月的统计表。合并 AT1 到 BD1 单元格，输入文字"第一个月"，"华文行楷""12"号字"加粗"。其他字均为"宋体""8"号字"加粗"，所有文字均居中设置。各列的列宽均设置为"2"。

2) 在 BB4 单元格中，手工输入公式"＝AU4＋AW4＋AY4＋BA4－AT4－AV4－AX4－AZ4"，(输入公式时，可以不直接输入字母，光标置于 BB4，输入"＝"，然后用鼠标点击一下单元格 AU4，再输入"＋"号，再点击 AW4，再输入"＋"号，再点击 AY4……)公式表示的含义是：每周的加分数减去每周的扣分数。如图 4-10 所示。由于不希望学生的总分出现负数,底分可以为"100",在单元格 BC4 中,输入"=100+BB4";输入名次排序函数,在 BD4 单元格中输入排序函数"=RANK(BC4,BC$4:BC$55)"。选中 BB4 到 BD4 三个单元格,将光标移至 BD4 单元格右下角出现小粗十字"✚"时向下拖动,即把下面所有单元格填充上相应的公式。

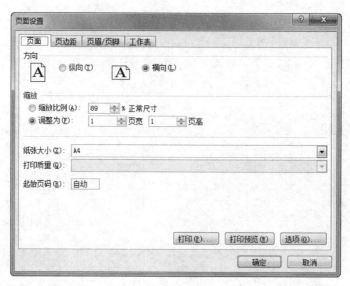

图 4-8

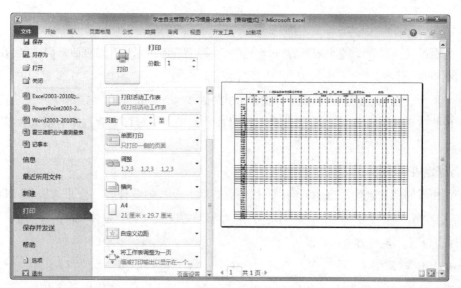

图 4-9

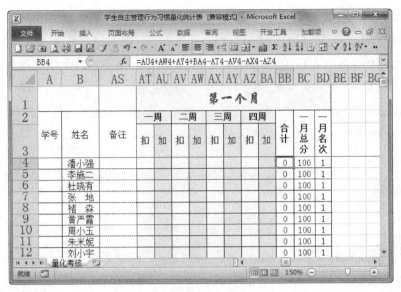

图 4-10

(4) 复制若干个月的统计表

选中 AT 到 BD 各列,按下"Ctrl+C",再选中 BE 列,按下"Ctrl+V",将整个月的统计表复制若干个,得到各月的统计表,相应变更"第×个月"的文字。如图 4-11 所示。即得到各月的统计表。

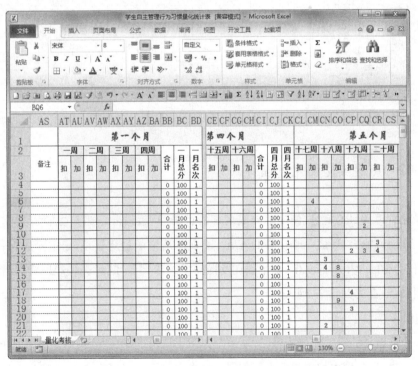

图 4-11

(5) 输入综合评定公式

综合项目分为"总分"、"名次"、"等第",总分即为五个月的总分之和,所以在 CW4 单元格中输入公式"＝BC4＋BN4＋BY4＋CJ4＋CU4"。在 CX4 单元格中输入名次统计公式"＝RANK(CW4,CW＄4:CW＄55)"。表示在 CW4 到 CW55 的单元格区间中对单元格 CW4 排序。在 CY4 单元格中输入公式:"＝IF(CX4＞＝48,"需努力",IF(CX4＞40,"合格",IF(CX4＞20,"良好","优秀")))",进行等第判断。如图 4－12 所示。

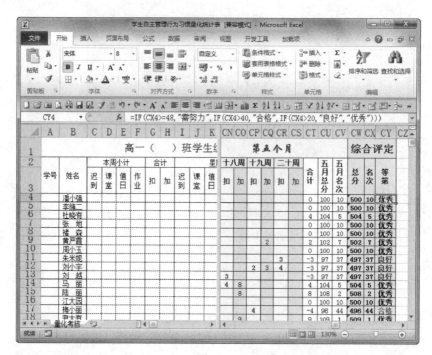

图 4－12

4.02 班级实施量化管理

实施量化管理的目的就是,使学生养成良好的行为习惯,培养学生自主管理的能力,培养学生干部的工作协调能力,形成一个良好的班风。要实施班级的量化管理,必须要建立一支工作认真负责,责任心强的学生干部队伍;班干部在发扬民主的基础上,制订班级管理规章制度;每个班干部工作明确,认真负责,责任到人。

(1) 管理流程

要选一个有责任心且工作能力强,又能被全体学生认可的学生干部,负责量化考核工作。下面设立若干个项目,分别由相应学生干部负责。每个项目下面可以由若干个学生负责,如学习委员下面可以有多个学科课代表,值周班长下面可以有如负责课堂纪律的、负责课间操的、负责教室卫生的等学生干部。组织结构如图4-13所示。

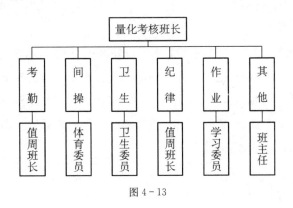

图4-13

(2) 建立班级管理规章制度

由学生干部组织全班学生进行讨论,由学生自己制订出班级日常管理制度。

《班级日常管理制度》(仅供参考)

1) 出勤管理

① 早晨7:20到校,下午第一节课,提前5分钟到教室。违纪者扣2分。

② 到校要求穿着校服包括校裤,佩戴好校徽,团员并佩戴团徽。违者扣2分。

③ 作业在7:30分时收齐并交给老师,不得延误。有抄作业者和不交作业者扣2分。

2) 课间操管理

① 课间操:要求做到快、静、齐,并佩戴校徽。不请假擅自缺席不做操的扣1分。

② 眼保健操:要求认真完成,不得做其他事情。不遵守者的扣1分。

3) 卫生管理

① 值日:按照分配的工作,每组每人做好自己应做的事,认真负责。有无故不做值日者1次扣2分。

② 教室卫生:要求教室全天保持整洁,按照每天的卫生分配工作,各人做好自己应做的事。严禁乱扔垃圾。不遵守者扣1分。

4) 纪律管理

① 严禁早退、旷课、逃课现象发生。不遵守纪律者1次扣4分。

② 严禁说粗话、脏话。违者扣1分。

③ 严禁课堂上喝水、吃零食、玩手机、听音乐等。不遵守者一次扣2分。

④ 严禁自修课上大声喧哗吵闹,不做与学习无关的事情。发现大声喧哗不听劝阻者一次扣2分,如发生严重事件,例如:吵架、殴打等,一次扣4分。

⑤ 严禁在教室打球、踢球等。违纪者一次扣2分。

(3) 量化考核若干规定

在上述的《班级日常管理制度》的基础上，制订学生综合素质量化考核的若干规定。

《实行学生综合素质量化考核的若干规定》（草案）

为了进一步提高学生们的综合素质，使其养成良好的行为习惯，本学期对学生在学校的各项表现进行量化考核，每个学生每月基础分数100分，根据每个学生的表现实行加分和扣分，每天登记，每周公布，每月通报，学期结束，按每个学生的总分确定本学期综合素质评定的等级；根据分数情况，确定的级别分别为：优秀，良好，合格，需努力。分数的高低作为期末评定优秀学生的重要依据。具体各项考核内容如下：

1）加分

① 受到学校口头表扬一次加3分（团支部组织委员负责）。

② 平时受到学校单项奖励（如各种竞赛活动获奖）一、二、三等奖分别加6、5、4分（团支部组织委员负责）。

③ 优秀作业被班里表扬一次加3分（学习委员负责）。

④ 卫生值日视情况加5—10分（卫生委员负责）。

⑤ 每次考试（五科以上月考、中考、末考等）成绩每前进一个名次加1分（学习委员负责）。

⑥ 每次考试单科前5名依次加5、4、3、2、1分（学习委员负责）。

⑦ 参加集体活动（如值周工作、运动会等）和其它公益劳动，根据情况加1—3分，对班集体贡献特别大的视情况加5分（值周班长负责）。

2）扣分

① 上课随便讲话、吃东西、喝水、不交作业（早7:30以前交齐）、照抄作业、被抄作业、迟到、乱扔垃圾（食品袋、饮料瓶等）、在教室接打手机和搞其它娱乐活动的每人次扣1分（值周班长、课代表、学习委员分别负责）。

② 缺勤一节课（含课间操、集会等）扣2分（值周班长、课代表分别负责）。

③ 不参加值日一次扣2分（值日组长、卫生委员分别负责）。

④ 集体活动被学校点名批评一次扣5分（值周班长负责）。

⑤ 有严重不良行为的（如偷盗、打架斗殴、故意损坏公共财产等现象），视情况扣5—15分（值周班长负责）。

⑥ 每次考试成绩退步5名以上的，每增加一个名次扣1分（学习委员负责）。

⑦ 被学校处分一次扣20分（值周班长负责）。

⑧ 班内干部（包括课代表、组长及以上的所有干部）在工作中有违纪行为、徇私舞弊、弄虚作假，一经发现扣1—3分（班长和团支书共同负责）。

⑨ 任课老师向班级反映课堂违纪的每人次扣除2分。

⑩ 有不诚实行为等其它违纪现象根据情况扣分。

3）学校和班内交给的各项工作，如学校进行评比，评为1、2、3名的分别加3、2、1分，评为5、6名的则分别扣1、2分。

4）以上所订条款，希望全体同学认真遵照执行，未尽事宜，由班级在实施过程中逐步完善。

(4) 考核结果即时反馈

根据学生自己制订的规章制度，由学生干部（可以设置相当多的学生做班干部）负责落实实施，每天将学生的在校表现，根据《实行学生综合素质量化考核的若干规定》，进行统计，由班级负责量化考核的学生干部，认真负责地填写《学生综合表现量化考核表》。对于学生的考核要求：每天有干部统计，每周要班内总结，每月给家长汇报。

(5) 自己的“鉴定”自己“写”

以前班主任在学期结束时，常常是根据自己的主观印象来给全体学生写期末鉴定，这样写出的鉴定往往有点秋后算账的感觉。应该让学生平时就能够随时知道自己的行为习惯与班级其他学生相比较的差异。

根据学生人数，把学生的行为习惯化分为若干个等级，如优秀、良好、合格、需努力。由Excel的逻辑函数：“＝IF（CX4＞＝48,"需努力",IF（CX4＞40,"合格",IF（CX4＞20,"良好","优秀")))”自动生成，不同的班级在使用时，只需要更改相应数字即可。在Excel中生成的表格如图4－14所示。

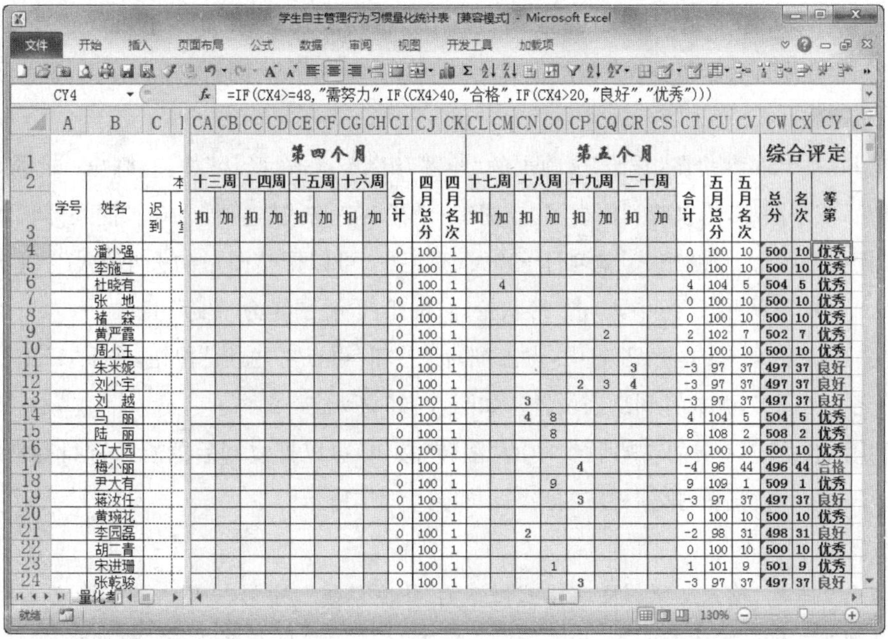

				第四个月											第五个月											综合评定		
		本		十三周		十四周		十五周		十六周					十七周		十八周		十九周		二十周							
学号	姓名	迟到	讠	扣	加	扣	加	扣	加	扣	加	合计	四月总分	四月名次	扣	加	扣	加	扣	加	扣	加	合计	五月总分	五月名次	总分	名次	等第
	潘小强											0	100	1									0	100	10	500	10	优秀
	李施二											0	100	1									0	100	10	500	10	优秀
	杜晓有											0	100	1		4							4	104	5	504	5	优秀
	张　地											0	100	1									0	100	10	500	10	优秀
	褚　森											0	100	1									0	100	10	500	10	优秀
	黄严霞											0	100	1						2			2	102	7	502	7	优秀
	周小玉											0	100	1									0	100	10	500	10	优秀
	朱米妮											0	100	1							3		-3	97	37	497	37	良好
	刘小宇											0	100	1					2	3	4		-3	97	37	497	37	良好
	刘　越											0	100	1			3						-3	97	37	497	37	良好
	马　丽											0	100	1			4	8					4	104	5	504	5	优秀
	陆　丽											0	100	1				8					8	108	2	508	2	优秀
	江大园											0	100	1									0	100	10	500	10	优秀
	梅小丽											0	100	1					4				-4	96	44	496	44	合格
	尹大有											0	100	1				9					9	109	1	509	1	优秀
	蒋汝任											0	100	1					3				-3	97	37	497	37	良好
	黄琬花											0	100	1									0	100	10	500	10	优秀
	李园磊											0	100	1			2						-2	98	31	498	31	良好
	胡二青											0	100	1									0	100	10	500	10	优秀
	宋进珊											0	100	1				1					1	101	9	501	9	优秀
	张乾骏											0	100	1					3				-3	97	37	497	37	良好

图4－14

(6) 编辑班务通讯

1) 要将班级量化考核的结果及时与家长沟通,让家长随时了解学生在学校的表现情况,并能随时了解班级的动态及班级对学生的各项要求,让家长配合班主任做好班级的管理工作。因此,班级可以编辑《班务通讯》,每月一期,让家长随时了解班级的动态情况。

2) 班务通讯的内容:班级情况通报,随时与家长沟通班级存在的问题,让家长配合进行学生的教育和管理。每月通报学生的行为习惯的量化考核结果,重点在表扬,公布表现相对较好的学生,以此带动其他学生良好行为习惯的养成。公布学生的考试情况,但是不对学生考试成绩进行排名,而是对部分学生进行表扬,特别注重表扬成绩有进步的学生,让每个学生都体会到成功的喜悦。经常在《班务通讯》上写一些学习格言和名人名言,以此激励学生的学习积极性和学习兴趣。

《班务通讯》样本可以参见光盘中的内容。

4.03 《班务通讯》的编辑制作

为了加强学校与家长的联系,让学生家长及时了解孩子所在的班级情况,积极主动地参与到学校班级的管理工作中,在班主任的指导下,班主任与学生一起编辑班级的刊物——《班务通讯》,制作方法如下:

(1) 班徽的制作

《班务通讯》实际上是一个小的报刊,在刊物的刊头可以添加一个班级的徽标。由于Word中绘图工具的功能较少,班徽的制作可以借助PowerPoint,制作好后作为图片再复制到Word中。

1) 在PowerPoint中,在"开始"选项卡的"绘图"组中,点击"形状"按钮,画出一个同心圆,同心圆画出后,点击图形,可以看到出现了"绘图工具"栏,在"格式"选项卡中的"插入形状"组中,也可以画出需要的图形。在"格式"选项卡的"大小"组中,可以调整图形的大小为"12厘米",如图4-15所示。在"形状样式"组中,点击"形状轮廓"按钮,设置图线为"3磅"粗。

2) 在"开始"选项卡的"绘图"组中,点击"形状"按钮,再点击"弧形"按钮,按下"Shift"键,画出一个四分之一的圆弧,并放置到适当位置。如图4-16所示。

3) 利用"格式"选项卡的"排列"组中的"翻转"按钮,可以把复制后的圆弧进行翻转,并利用"排列"组中的"对齐"按钮,排列相应的圆弧。如图4-17所示。

4) 设置艺术字格式

① 插入文本框,输入文字。文字格式设置为"华文新魏"、字号"40"。再选中文本框,在"格式"选项卡的"艺术字样式"组中,点击"快速样式"按钮,选择一种艺术字样式。如图4-18所示。

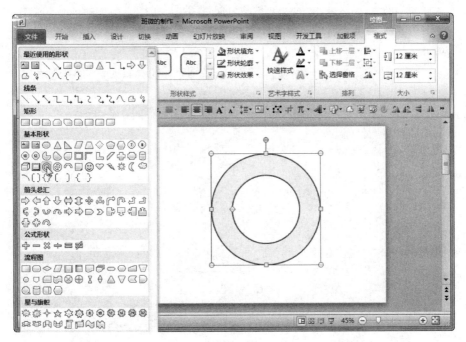

图 4-15

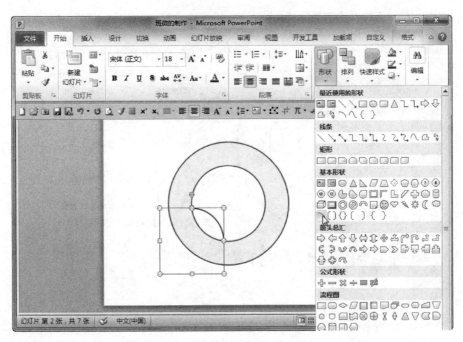

图 4-16

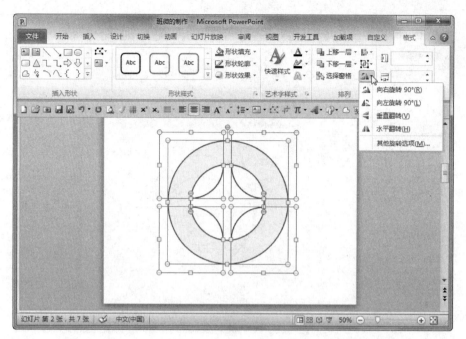

图 4-17

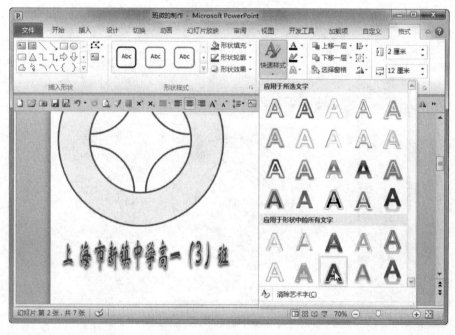

图 4-18

② 再在"艺术字样式"组中,点击"文本效果"按钮,在"转换"中选择"上弯弧"按钮。如图 4 - 19 所示。

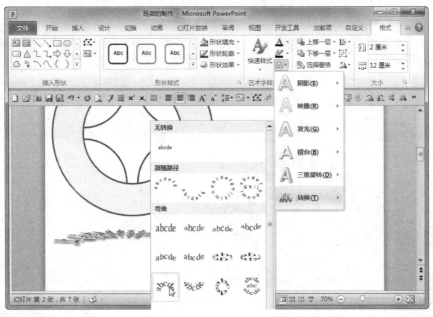

图 4 - 19

③ 在"格式"选项卡的"大小"组中,设置高度和宽度都是"12 厘米"。如图 4 - 20 所示。然后把文本框放置到同心圆上的适当位置,并适当调整文本框中的小红棱形块的位置来改变文字的形状。

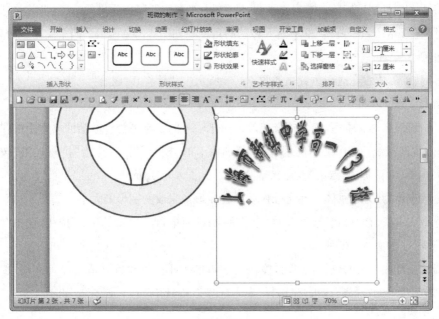

图 4 - 20

5) 圆内插入艺术字

① 将原来的文本框复制后缩小,高度和宽度均为"4厘米"。更改文字,并设置文字格式为"方正粗圆简体",通过拖动小红棱形块来调整文字的形状。如图4-21所示。

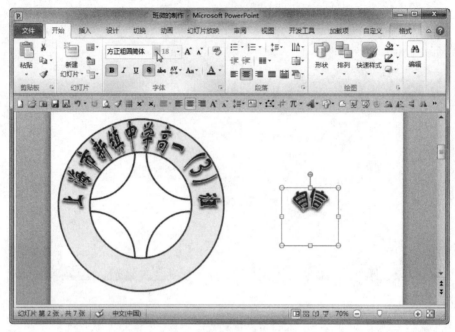

图 4-21

② 将文本框复制后旋转。右击文本框,选中"大小和位置",在弹出的"设置形状格式"对话框中的"大小"选项卡中,在"旋转"框中输入转动的角度。如图4-22所示。四个文本框分别转动正负45°和正负135°。

③ 排列整齐,放置在适当位置。如图4-23所示。然后将其"组合"。

6) 插入字母文本框

① 复制班级名称文本框,输入拼音字母。由于输入的字母不符合电脑词典库中的拼写要求,所以下面出现波浪线。选中文本框,在"审阅"选项卡的"校对"组中,点击"拼写检查"按钮,在弹出的"拼写检查"对话框中,点击"全部忽略"按钮。如图4-24所示。

② 更改字体为"方正姚体",并通过拖动小红棱形块来改变字母的大小。如图4-25所示。

③ 选中文本框,在"格式"选项卡的"艺术字样式"组中,点击"文本效果"按钮,选中"转换",再点击"下弯弧"。如图4-26所示。

④ 调整小红棱形块的位置,可以改变拼音字母的大小。再放置到适当位置。利用"格式"选项卡的"排列"组中的"对齐"选项,先选择"左右居中",再选中"上下居中"。如图4-27所示。然后将其组合。

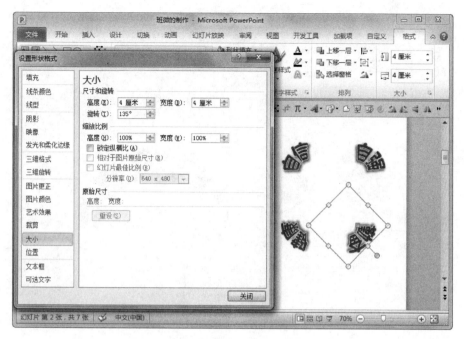

图 4-22

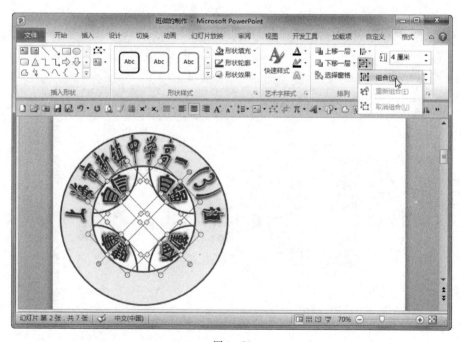

图 4-23

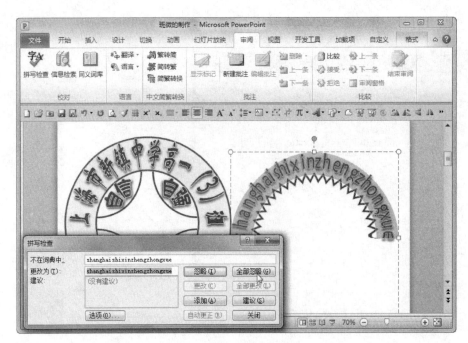

图 4-24

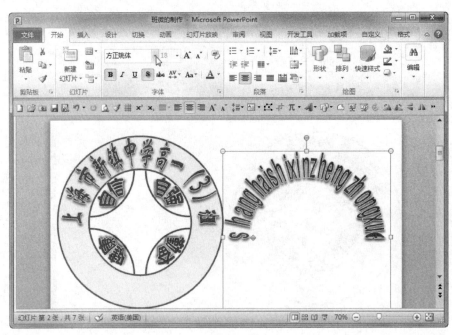

图 4-25

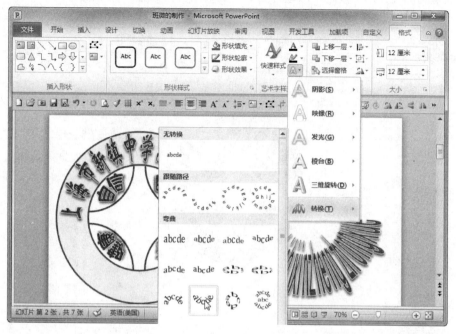

图 4-26

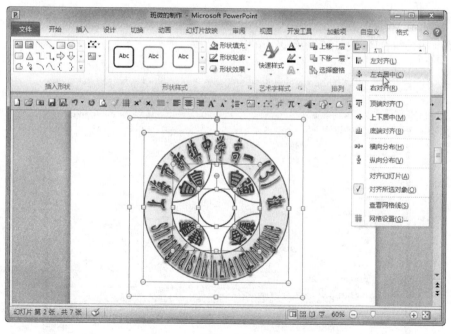

图 4-27

7) 另存为图片。选中该图片,单击鼠标右键,选择"另存为图片"。如图 4-28 所示。

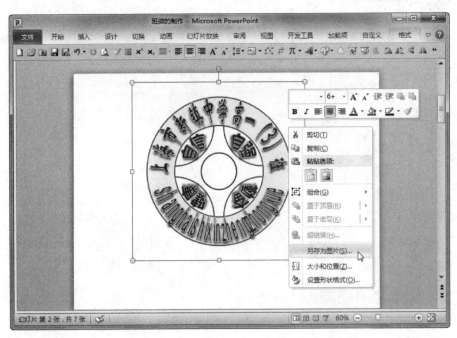

图 4-28

找到一个保存的位置,可以把图片保存为"JPEG"格式。如图 4-29 所示。也可以把 PowerPoint 中的组合图片直接复制到 Word 中。

图 4-29

(2) 制作班务通讯模板

《班务通讯》可以按 A4 纸来设计。利用"页眉和页脚"来设计报刊的刊头。这样在编辑过程中，对刊头内容没有影响。设计好的刊头如图 4-30 所示。具体制作方法如下：

图 4-30

1）进入页眉编辑状态

建立一个 A4 纸的文档，在"插入"选项卡的"页眉和页脚"组中，点击"页眉"按钮，然后点击下面的"编辑页眉"，进入页眉编辑状态。在左边标尺上的灰、白交界处用鼠标上下拖动，可以调整页眉的高度。

① 此时上面出现一条横线，要去掉横线，选中横线上方的段落标记符号（即用鼠标拖动抹黑），在"开始"选项卡的"段落"组中，点击"边框和底纹"按钮，选中"边框和底纹"。如图 4-31 所示。

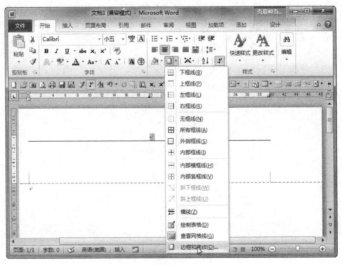

图 4-31

② 在弹出的"边框和底纹"对话框的"边框"选项卡中,在右边的"预览"中,点击下面的横线。"确定"后即可去掉页眉上的横线。如图 4-32 所示。

图 4-32

2）添加一个分节符

由于在页眉状态下进行编辑,如果不分节,则所有页的页眉都是相同的内容。分节后各页可以单独进行页眉的设置。在"页面布局"选项卡的"页面设置"组中,点击"分隔符"按钮,然后在"分节符"中选中"下一页"。如图 4-33 所示。即在下一页插入一个"分节符"。

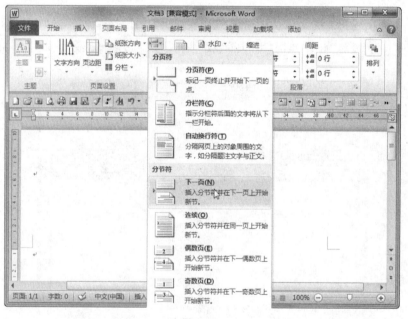

图 4-33

3) 编辑文字

① 在第一节"页眉和页脚"的编辑状态，在"插入"选项卡的"文本"组中，点击"文本框"按钮，选择"绘制文本框"。绘制一个文本框，添加文字"班务通讯"。并绘制一条长线段。如图4-34所示。

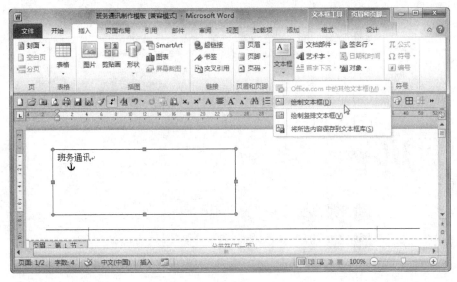

图4-34

② 设置文字格式。选中文本框，在"开始"选项卡的"字体"组中，点击右下角的对话框打开按钮，在弹出的"字体"对话框中的"字体"选项卡中，设置字体为"华文行楷"、"54"磅，红色字体，并选中"阴影"。如图4-35所示。

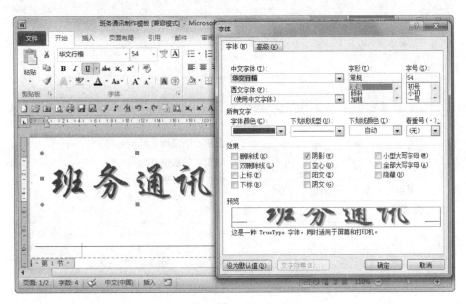

图4-35

③ 设置文本框格式。选中文本框,在"文本框工具"栏中的"格式"选项卡中的"文本框样式"组中,选择一种文本框样式,如图4-36所示。

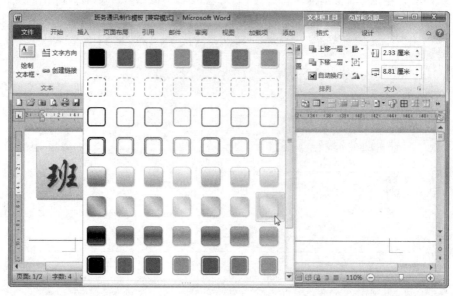

图 4-36

4) 设置刊头其他文本框文字格式。在刊头的其他适当位置,插入文本框。输入相关文字,设置文字格式为"黑体"、"四号"。如图4-37所示。

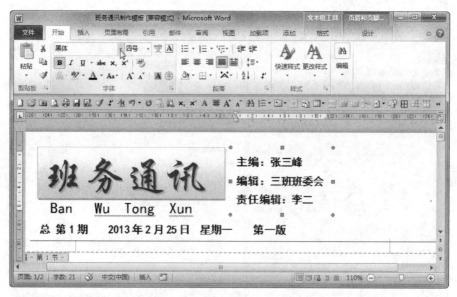

图 4-37

5) 插入班徽图片。在"插入"选项卡的"插图"组中,点击"图片"按钮,找到原来保存的图片插入即可。插入的图片是"嵌入式",要改变图片版式,选中图片,在"图片工具"栏的"格式"选项卡中,点击"自动换行"按钮,选择"四周型环绕"。如图4-38所示。这样图片便可以缩小后随意移动了。

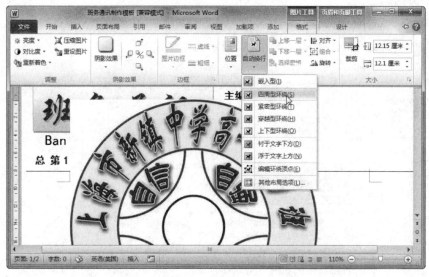

图 4-38

6) 在第一节设置了页眉后,在第二节的页眉上看到与第一节相同的内容,要把第二节与第一节的链接断开。在"页眉和页脚工具"栏的"设计"选项卡的"导航"组中,点击"链接到前一条页眉"按钮(实际上是退出链接,相当于改变了链接状态),如图4-39所示。然后在此删除原来的页眉内容,重新添加第二版的刊头。

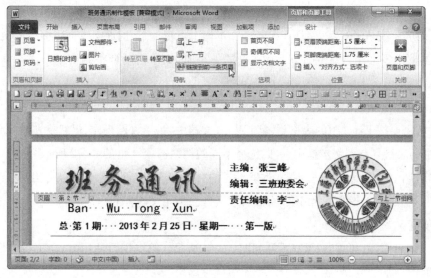

图 4-39

7) 应用文本框

在编辑的过程中，为了便于文字的移动，要使用文本框，插入文本框后，再把相应内容复制进去。如果文字较多，常常需要两个文本框，可以让两个文本框间建立链接的关系。建立文本框间的链接制作方法如下：

① 当第一个文本框中文字较多时，再插入一个空文本框，在第一个文本框的边框上单击鼠标右键，再点击"创建文本框链接"。如图 4-40 所示。

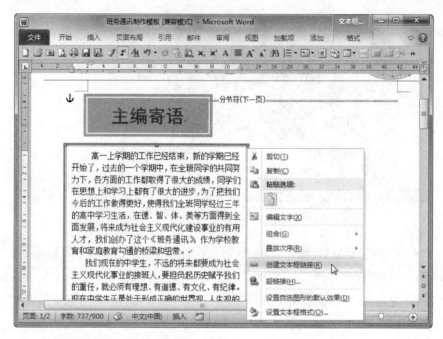

图 4-40

② 这时光标变成茶杯状，然后在第二个文本框上点击一下，前面文本框中多余的文字自动进入到该文本框中。这样当调整第一个文本框的大小时，文字自动调整到第二个文本框中。如图 4-41 所示。

8) 复制 Excel 中的表格

① 常常需要把 Excel 中的表格复制到 Word 文档中，为了方便操作，仍然是先插入文本框，再把 Excel 中的表格复制到文本框中，可以选择不同的粘贴选项。如图 4-42 所示。

② 然后调整文本框的边框。在文本框工具的"格式"选项卡的"文本框样式"组中，点击"形状轮廓"按钮，再点击"无轮廓"。如图 4-43 所示。即去掉了文本框的边框。

(3) 刊物预览

设置完成后的《班务通讯》预览图片如图 4-44 所示。第二期再使用时，在页眉编辑状态下，刊头文字修改一下即可。

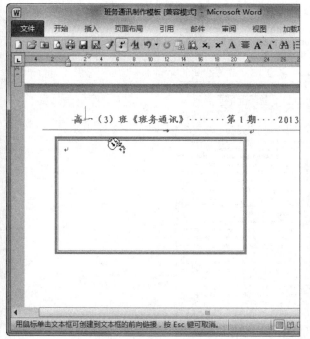

图 4-41　　　　　　　　　图 4-42

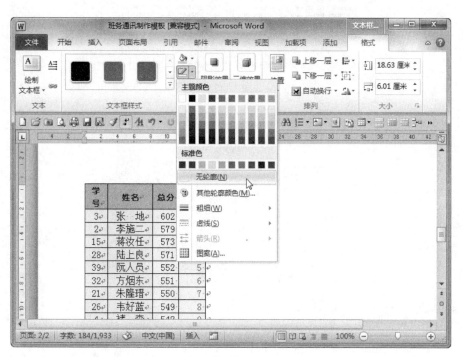

图 4-43

图 4-44

第 5 章　从 Office 2003 快速转移到 Office 2010

目前虽然不少用户仍然在使用 Office 2003 的版本，但是 Office 2010 版的很多新的功能已经被很多用户接受和喜爱。Office 2010 不仅界面好看，将一些功能分组放置，便于查找，而且增加了很多新的功能。

Office 2010 与 Office 2007 相比，变化不是太大，Office 2007 升级到 Office 2010 最显著的变化就是使用"文件"按钮代替了 Office 2007 中的 Office 按钮。Office 2010 与 Office 2003 版本的主要区别是，取消了传统的菜单操作方式，取而代之的是各种功能区，在 Office 2010 窗口上方看起来像菜单的名称其实是功能区的名称，当单击这些名称时并不会打开菜单而是切换到相应的功能区面板中。

Office 2010 版中常用的几个软件 PowerPoint、Word、Excel 的使用方法基本相同，界面大同小异。下面分别给予简单介绍，让你从 Office 2003 版快速地过渡到 Office 2010 版。

5.01　PowerPoint 2010 的特点及新功能简介

（1）认识 PowerPoint 2010 的界面

进入 PowerPoint 2010 程序中，可以看到几个不同的区域。

1）区域 1 是快速访问工具栏，由于新版本较 2003 版本有较大变化，可以把常用的工具按钮放在快速访问工具栏上面便于操作。

2）按钮 2，点击此按钮可以进入后台视图，很多功能都是通过后台视图中进入，然后进行操作。

3）区域 3 为选项卡区域，相当于 2003 版中的菜单栏。

4）按钮 4 是功能区隐藏和开启开关，点击此按钮" "，可以让功能区打开或者隐藏。

5）区域 5 为功能区，当点击区域 3 中不同的选项卡时会出现不同的功能区，相当于老版本的下拉菜单。

6）区域 6 为功能区组，在每个功能区中，分为若干个组，相当于 2003 版本中的子菜单。

7) 按钮 7 是对话框启动器,很多组中的右下角都有个对话框启动器。点击此按钮" "可以进入与该组对应的更多选项的对话框。

8) 区域 8 的两个按钮可以在"幻灯片"与"大纲"视图间进行切换,大纲视图只显示模板自带的文本框中输入的文字。

9) 区域 9 为工作区,可以直接在此编辑幻灯片。

10) 区域 10 是备注区,在此可以添加幻灯片的备注内容。

11) 区域 11 是状态栏和视图栏,左边可以看到幻灯片的数量,右边可以切换幻灯片的不同显示模式,还可以改变编辑幻灯片时的显示比例。如图 5-1 所示。

图 5-1

图 5-2

(2) 自定义快速访问工具栏

由于新版本界面与老版本有很大区别,为了方便使用,可以把自己常用的工具按钮放在这里。

1) 初始状态,默认的快速访问工具栏处在界面的左上角,并且只有很少几个功能键,要让快速访问工具栏在功能区下面显示,点击快速访问工具栏右边的下拉按钮,再点击"在功能区下方显示"。如图 5-2 所示。这样可以把快速访问工具栏调整到功能区下面。

2) 在快速访问工具栏中添加工具。在图 5-2 中点击"其他命令",或者点击左上角的"文件"按钮进入后台视图,再点击"选项"选项卡,如图 5-3 所示。这样可以得到如图 5-4 所示的"PowerPoint 选项"对话框。在此点击"快速访问工具栏"。

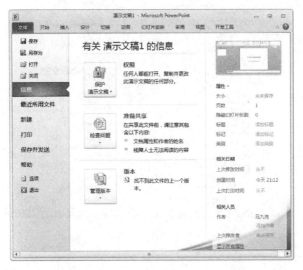

图 5-3

图 5-4

3) 在"快速访问工具栏"选项卡中，可以在"常规命令"下面选择某一个命令，点击"添加"，也可以在上面选中"所有命令"，在这里找到你需要的其他命令，然后点击"添加"，可以添加到右边的区域中，左边的命令项目是按照字母的顺序排列的。找到的"常用命令"工具按钮如图 5-5 所示。选中已经添加到右边的某一个命令，可以"删除"，可以上下移动位置。

图 5-5

4）在"快速访问工具栏"中可以添加多达 50 多个命令按钮，为了以后使用方便，如重新装机，可以把这些设置文件导出来以备以后使用。点击图 5-5 右下角"导入/导出"按钮，再点击"导出所有自定义按钮"。可以把该设置作为文件导出，如果装机后想重新使用，再点击"导入自定义文件"将文件导入即可。"重置"按钮可以让快速访问工具栏恢复到初始状态。光盘中作者使用的三个（PowerPoint，Word，Excel）快速访问工具栏的设置文件可以直接导入，供读者参考使用。

5）自定义功能区。还可以根据自己的需要自定义功能区，在"PowerPoint 选项"对话框中，点击"自定义功能区"选项卡，在右下点击"新建选项卡"，可以建立新的选项卡，还可以对新建的选项卡重命名，新建选项卡后，点击下面"新建组"按钮可以添加新的组，然后再选中左边框中的命令，添加到新建组的下面。如图 5-6 所示。

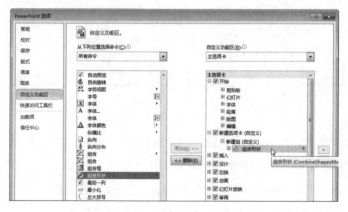

图 5-6

(3) 与 PowerPoint 2003 版互用文档

由于目前不少用户仍然在使用 PowerPoint 2003 版本，文档在两种版本间是能够互相使用的。

1) 在 2010 版中打开 2003 版本编辑过的文档

① 在 PowerPoint 2010 版中打开原来在 PowerPoint 2003 版本中编辑的 PowerPoint 文档时，在文档名称后面会出现"兼容模式"字样，并出现黄色的"安全警告　部分活动内容已被禁用。单击此处了解详细信息。启用内容"字样，点击"启用内容"，可以直接进行编辑。如图 5-7 所示。

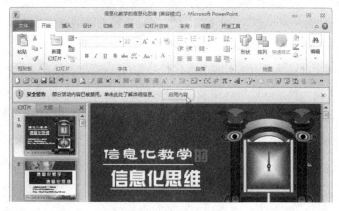

图 5-7

② 也可以点击"部分活动内容已被禁用。单击此处了解详细信息"处，进入如图 5-8 所示的界面，在此点击"启用内容"按钮，直接进行文档的编辑，编辑、保存后的文档仍然可以直接在 2003 版本中打开。如果点击"转换"，可以把 2003 版本转换为 2010 版本。

图 5-8

2) 在 2010 版本中编辑的文档保存为 2003 版本

在 2010 版本中编辑的文档，如果想在 2003 版本中打开，可以有两种方法。

① 把文档保存为低版本。在 2010 版本中编辑文档后，点击"文件"，进入后台视图，再点击"另存为"，在"保存类型"中选择"PowerPoint 97 - 2003 演示文档"。这样保存后的文档可以在低版本中打开。

② 在 2003 程序中安装兼容包。如果使用的是 Office 2003 版本，要想打开 Office 2010 版本编辑的文件，需要安装兼容包，兼容包文件可以在网上下载，或者使用光盘中的兼容包文件安装即可。

(4) 设置文字、图形的艺术效果

通常情况下，在上面选项卡区域，没有图片或绘图等项目的编辑工具，只有插入了形状（即插入自选图形）、文本框、图片或者声音、视频文件时，才会出现相应的格式设置工具栏。

1) 插入自选图形或文本框时出现"绘图工具"栏

当"插入形状"或文本框并选中图形或文本框时，上面会自动出现绘图工具栏（文本框和图形使用相同的格式设置工具），在此可以设置绘制的图形或文本框的格式，如图 5-9 所示。在"插入形状"组中，可以继续插入各种不同的图形，在"形状样式"组中，可以设置图形的填充（"形状填充"按钮）和边框（"形状轮廓"按钮）的格式，还可以通过"形状效果"设置图形的艺术效果。在"艺术字样式"组中，可以设置艺术字的填充（"文本填充"按钮）效果，也可以设置艺术字的边框（"文本轮廓"按钮）格式，还可以通过"文本效果"的按钮设置文字的艺术效果。在"排列"组中，可以对插入的若干图形进行对齐排列，在"大小"组中可以设置图形的高度和宽度。在 2010 的新版本中，艺术字和文本框中的文字格式的设置方法是基本相同的。在"形状样式"组和"艺术字样式"组中，可以点击右下角的对话框打开按钮，进一步设置样式的格式。要设置图片的格式，可以通过点击"形状样式"组的右下角的对话框启动器，在"设置形状格式"对话框中，对图片进行各种格式的设置。

图 5-9

2) 设置文字的艺术效果

① 当在插入的文本框中输入文字后，选中文本框或者文字，在上面出现的"格式"选项卡中，

有各种设置文字和图形格式的工具按钮。在"艺术字样式"组中,可以利用"快速样式"进行设置。也可以点击右下角的对话框启动器按钮,在弹出的"设置文字效果格式"对话框中,进行更多的文字格式的设置。如图 5-10 所示。

② 常用的设置有:"文本填充"选项卡可以设置文字的填充颜色,"文本边框"选项卡可以设置文字的边框颜色,"文本框"选项卡可以设置文字在文本框中的格式,要设置文字的三维效果,可以先设置"三维旋转",在"三维旋转"选项卡中,可以选中"预设"的某一个旋转效果。如图 5-11 所示。

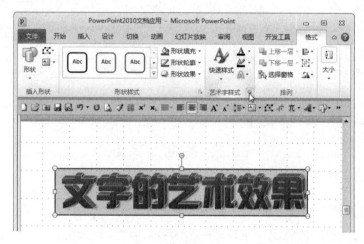

图 5-10

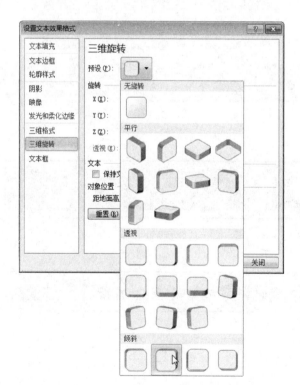

图 5-11

③ 设置三维格式。在"三维格式"选项卡中，有多个三维效果的设置方案。如棱台的"顶端"和"底端"。如图 5-12 所示。

图 5-12　　　　　　　　　　　　图 5-13

④ 三维深度的设置。在"三维格式"选项卡中可以设置三维的颜色和深度。如图 5-13 所示。一般在设置了三维旋转后，才可以设置三维的深度，因为平面图没有深度可言。

⑤ 设置好后的文字三维效果如图 5-14 所示。文字既有三维效果，字体本身也是凸起的。

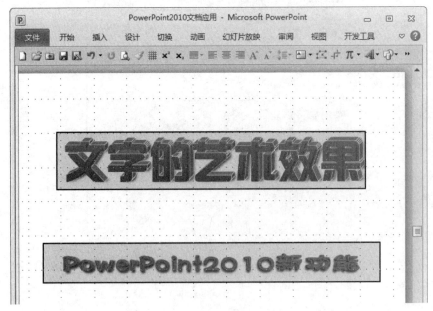

图 5-14

3) 设置图形的艺术效果

① 选中插入的图形,点击"形状样式"组右下角的对话框启动器,在"设置形状格式"对话框中的"填充"选项卡中,可以设置各种填充的效果,并可以利用"渐变光圈"设置填充的各种渐变效果。如图 5-15 所示。

图 5-15

图 5-16

② 在三维格式中,设置"顶端"和"底端"的格式。如图 5-16 所示。

③ 在其他选项卡中,进行相应的设置,可以得到各种三维图形。如图 5-17 所示。制作过程不再详述,读者可以参见光盘中的幻灯片自己研究。

(5) "屏幕截图"及图片背景的删除

1) "屏幕截图"工具的应用

① 幻灯片中不仅可以插入电脑中已有的图片,也可以在屏幕上截图。在"插入"选项卡的"图像"组中,点击"屏幕截图"按钮,既可以在"可用视窗"中使用打开的程序画面作为图片,也可以点击"屏幕剪辑"按钮,任意裁剪屏幕上的图案。如图 5-18 所示。

② 当选中插入的图片时,上面自动出现"图片工具"栏,在下面的各个组中,有图片格式的编辑工具,在"调整"和"图片样式"组中,可以设置图片的格式样式及艺术效果。在"排列"和"大小"组中,可以设置图片的对齐和大小。如图 5-19 所示。总之,选中什么对象,上面就会出现相应的工具栏。如选中插入的音频文件图标就会出现声音编辑工具栏。

2) 删除和替换图片的背景

① 删除图片的背景是新版本增加的又一功能,插入图片后,点击图片,再点击左边"调整"组中"删除背景"按钮。如图 5-20 所示。

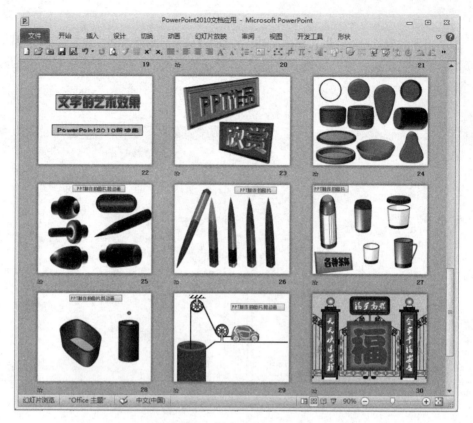

图 5-17

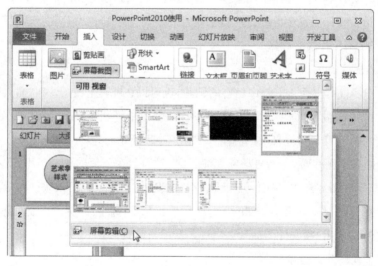

图 5-18

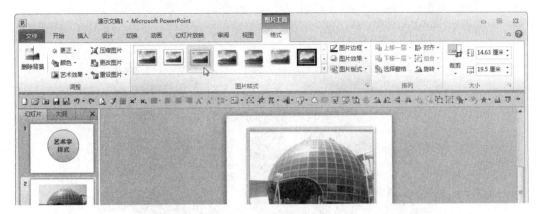

图 5-19

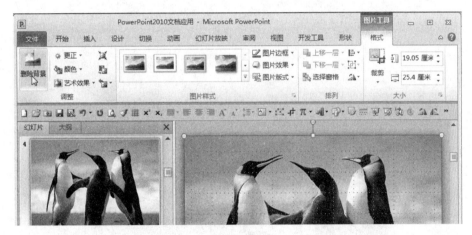

图 5-20

② 在出现的"背景消除"选项卡中,出现几个工具按钮,幻灯片中出现的红色区域是删除的区域,如果删除区域不符合自己的要求,点击"标记要保留的区域"按钮,再用鼠标点击要求保留的区域,出现小加号;如果想再删除一些区域,可以点击"标记要删除的区域"按钮,用鼠标点击要求删除的区域,出现小减号。如图 5-21 所示。还可以拉动矩形框调整大小。最后点击"保留更改"即可。

③ 可以给图片重新添加背景,前面图片的背景去掉后,再插入新的背景图片,并置于底层,适当调整图片的大小和位置,可以得到新的图片。如图 5-22 所示。

图 5-21

图 5-22

(6) 图片的裁剪和编辑

1) 图片的裁剪

① 选中图片,在"图片工具"栏中点击"格式",在"大小"组中点击"裁剪",用鼠标在图片上拉动,即可把图片裁剪成自己需要的大小。如图 5-23 所示。

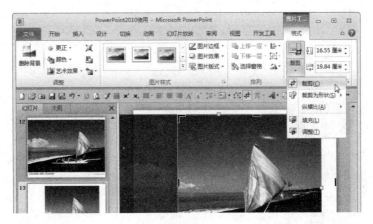

图 5-23

② 图片的任意裁剪。选中图片，点击"裁剪"按钮后，再点击"裁剪为形状"选择一个图片，则图片就裁剪成所选图形的样式。如图 5-24 所示。

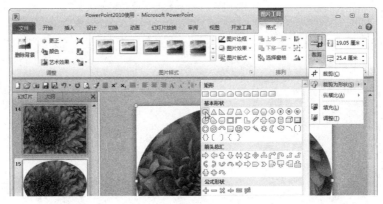

图 5-24

2) 图片的编辑。在"图片工具"栏的"格式"选项卡中，利用"图片样式"组和"调整"组中的的各个工具按钮，对图片进行艺术加工，得到如图 5-25 所示的图片。

(7) 声音和视频文件的编辑

在 PowerPoint 2010 新的版本中，对插入的声音文件和视频文件可以直接进行裁剪，在"插入"选项卡的"媒体"组中，点击"视频"或"音频"按钮，在幻灯片中插入视频或声音文件，当选中插入的视频或声音文件后，上面出现相应的视频和音频工具栏。如果插入声音文件，选中声音的图标，会自动出现"音频工具"栏，点击"播放"选项卡，在"编辑"组中点击"剪裁音频"按钮，在出现的"剪裁音频"工具框中，拉动左边的绿色开始定位条，作为声音的起始时刻，再拉动右边的红色结束定位条。然后试听，确定了开始时刻和结束时刻后，点击"确定"即可。如图 5-26 所示。在此

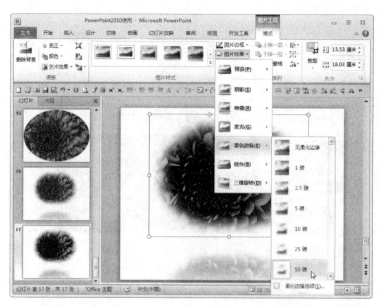

图 5-25

可以设置"循环播放"、"放映时隐藏"等选项。并且插入的文件已经被嵌入到文档中。视频文件的设置方法类同。

图 5-26

图 5-27

(8) 丰富的切换效果

1) 新版中增加了很多新的幻灯片的切换方式,如涟漪、蜂巢、闪耀、库、立方体、门、框等等,如图 5-27 所示。这些切换方式的增加,使得制作的幻灯片更加具有艺术效果。

2）增加了效果选项。多数的切换方式都可以在效果选项中设置切换的方向和不同艺术效果。同时还可以设置动画的"持续时间",插入切换时的声音,以及在"换片方式"中设置是否进行自动切换。如图 5-28 所示。

图 5-28

(9) 方便实用的动画刷

新版中的动画刷功能,给动画的制作带来了很大的方便。它像格式刷一样,设置好一个对象的动画后,可以直接把该对象的动画设置通过动画刷直接复制到其他对象上。

1）先设置好上面对象的多个动画效果,选中该对象,在"高级动画"组中,点击"动画刷"按钮,这时光标旁边出现一个小刷子,再在下面的对象上点击一下即可。

2）在"高级动画"选项组中,点击"添加动画"按钮,可以对已经设置好动画的对象继续添加动画,点击"动画窗格"可以在右边看到动画的设置情况,点击右下角的放映按钮可以放映幻灯片。

5.02　Word 2010 的特点及新功能简介

(1) 认识 Word 2010 的界面

进入 Word 2010 的界面,可以看到几个不同的区域。

1）区域 1 是快速访问工具栏,由于新版本较 Office 2003 版本有较大变化,可以把常用的工具按钮放在快速访问工具栏上面便于操作。

2) 按钮2,点击此按钮可以进入后台视图,很多功能都通过后台视图进入后进行操作的。

3) 区域3为选项卡区域,相当于Office 2003版中的菜单栏。

4) 按钮4是功能区隐藏和开启开关,点击此按钮" ",可以让功能区打开或者隐藏。

5) 区域5为功能区,当点击区域3中不同的选项卡时会出现不同的功能区,相当于老版本的下拉菜单。

6) 区域6为功能区组,在每个功能区中,分为若干个组,相当于老版本的子菜单。

7) 按钮7是对话框启动按钮,很多组中的右下角都有个对话框启动按钮。点击此按钮" "可以进入与该组对应的更多选项的对话框。

8) 区域8是导航窗格,对于长文档的搜索与导航非常有用。

9) 区域9是文档编辑区域,在此区域编辑文档。

10) 区域10是样式窗口,在此显示文档的样式。

11) 区域11是状态栏和视图栏,左边可以显示文档的页数及字数等信息,右边的几个工具按钮可以快速进入文档的各种不同视图,还可以调整文档的显示比例。如图5-29所示。

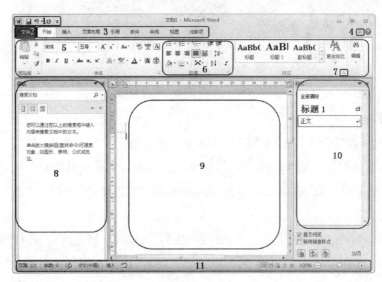

图5-29

(2) 自定义快速访问工具栏

为了方便使用,可以把自己常用的工具按钮放在快速访问工具栏中。

1) 初始状态,默认的快速访问工具栏处在界面的左上角,并且只有很少几个功能键,要让快速访问工具栏在功能区下面显示,点击快速访问工具栏右边的下拉按钮,再点击"在功能区下方显示"。参见图5-2。这样可以把快速访问工具栏调整到功能区下面。

2) 在快速访问工具栏中添加工具。在上图中点击"其他命令",或者点击左上角的"文件"按钮进入后台视图,再点击"选项"选项卡。这样可以得到"Word 选项"对话框。在此点击"快速访问工具栏"。参见图 5-4。

3) 在"快速访问工具栏"选项卡中,可以在"常规命令"下面选择某一个命令,点击"添加",也可以在上面选中"所有命令",在这里找到你需要的其他命令,然后点击"添加",可以添加到右边的区域中,左边的命令项目是按照字母的顺序排列的。找到的"常用命令"工具按钮。添加上的工具按钮还可以进行上下移动及删除等操作。参见图 5-5。

4) 为了以后使用方便,可以把这些设置文件导出来以备以后使用。点击右下角"导入/导出"按钮,再点击"导出所有自定义按钮"。可以把该设置作为文件导出,如果以后想重新使用,再点击"导入自定义文件"将文件导入即可。

(3) 与 Word 2003 版互用文档

1) 在 Word 2010 版中打开 Word 2003 版编辑的文档

① 在 Word 2010 版中打开原来在 Word 2003 版本中编辑的 Word 文档时,在文档名称后面出现"兼容模式"字样,可以直接进行编辑,编辑后保存即可。当然在这种情况下,某些功能还保留 Word 2003 版本的风格,如插入艺术字。如图 5-30 所示。

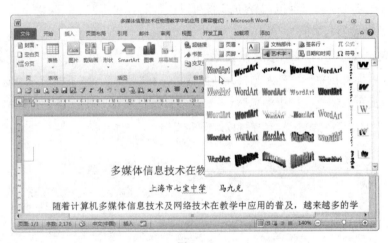

图 5-30

② 把 Word 2003 版本编辑的文档转换成 Word 2010 版本。打开在 Word 2003 版本中编辑的文档,点击左上角的"文件",进入后台视图,在"信息"选项卡中,点击"转换"按钮,即可把文档转换成在 Word 2010 版本中编辑的文档。如图 5-31 所示。

③ 转换后的文档在编辑时,可以使用 Word 2010 版本中的功能了。艺术字的样式设置已经发生了变化。

2) 在 Word 2003 版中打开 Word 2010 版编辑的文档

在 Word 2010 版本中编辑的文档,如果想在 Word 2003 版本中打开,可以有两种方法。

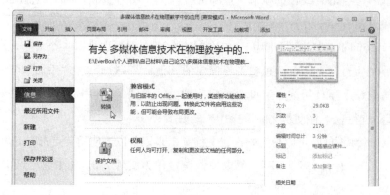

图 5 - 31

① 把文档保存为低版本。在 Word 2010 版本中编辑文档后，点击"文件"，进入后台视图，再点击"另存为"，在"保存类型"中选择"Word 97 - 2003 演示文档"。这样保存后的文档可以在低版本中打开并进行编辑。

② 在 Office 2003 程序中安装兼容包。如果使用的是 Office 2003 版本，要想打开 Office 2010 版本编辑的文件，需要安装兼容包，兼容包文件可以在网上下载。

(4) 长文档的快速搜索与导航

1) 利用 Word 2010 可以更加便捷地搜索和查找信息，在"视图"选项卡的"显示"组中，选中"导航窗格"选项，即可在主窗口的左侧打开导航窗格。在"导航窗格"下面有三个选项，默认左边第一个选项，在此可以浏览文档中的标题，当然这些标题是在样式中已经设置好的。如图 5 - 32 所示。点击左边的任意一个标题，光标可以跳转到文档对应的标题上。

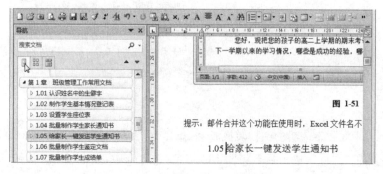

图 5 - 32

2) 快速搜索文字。在导航窗格搜索框中输入要查找的关键字后，单击后面的"放大镜"按钮（常常可以自动进入），在导航窗格中列出了文档中包含该关键词的位置，并高亮显示。如图 5 - 33 所示。单击搜索框后面的"×"按钮即可关掉搜索结果并关闭所有高亮显示的文字。

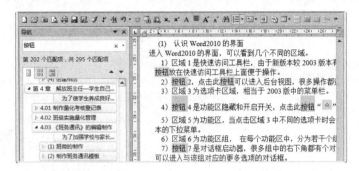

图 5-33

3）将导航窗格中的功能标签切换到中间"浏览文档中的页面"选项时，可以在导航窗格中查看该文档的所有页面的缩略图，单击缩略图便能够快速定位到该页文档上。如图 5-34 所示。

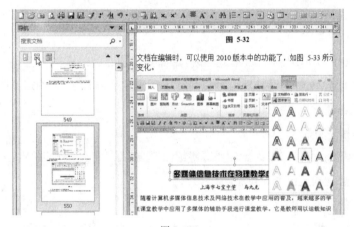

图 5-34

4）点击第三个选项，能够显示出当前搜索的结果。如图 5-35 所示。

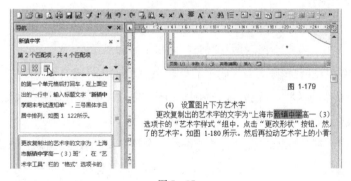

图 5-35

5) 点击右边的下拉按钮,更多查找内容供选择,如点击"图形",可以找到文档的所有图形。如图 5-36 所示。

图 5-36

(5) 屏幕截图

以往我们需要在 Word 中插入屏幕截图时,都需要安装专门的截图软件,或者使用键盘上的 Print Screen 键来完成,安装了 Word 2010 以后就不用再这么麻烦了。Word 2010 内置了屏幕截图功能,并可将截图即时插入到文档中。

1) 截取屏幕程序图片

在"插入"选项卡的"图像"组中,点击"屏幕截图"按钮,在"可用视窗"中点击已经打开的程序画面,即可把该图插入到文档中。参见图 5-18。

2) 屏幕上任意裁剪图片

点击上面图中的"屏幕剪辑",用鼠标在屏幕上画出一个矩形框,放手后即可插入到 Word 文档中。

(6) 删除图片背景

在 Word 中插入图片后,可以进行简单的抠图操作。

1) 插入图片。在"插入"选项卡的"插图"组中,点击"图片"按钮,在电脑中找到一个图片插入到文档中,图片插入后上方自动出现图片"格式"选项卡。参见图 5-20。

2) 在图 5-20 中点击"删除背景"按钮,自动出现"背景消除"选项卡,在图中出现一个矩形线框,该矩形框表示操作的区域,红色区域表示删除的区域。如果认为选择的区域满意,就点击"保留更改",否则要进行修改。参见图 5-21。

3) 修改删除的区域。红色的删除区域通常不完全符合要求,需要修改。点击"标记要保留的区域"按钮,再用鼠标点击要求保留的区域,出现小加号,如果想再删除一些区域,可以点击"标记要删除的区域"按钮,用鼠标点击要求删除的区域,出现小减号。还可以拉动矩形框调整大小。

最后点击"保留更改"即可。

(7) 设置图片的艺术效果

Word 2010 新增的图片编辑工具,不需要其他的图片编辑软件,就可以对插入的图片进行简单的编辑,可以更改图片的颜色和饱和度,调整色调、亮度、对比度,轻松、快速的设置图片的艺术效果。

1) 在"插入"选项卡的"插图"组中,点击"图片"按钮,可以把图片插入到文档中,此时当选中图片时,在上方出现"图片工具"栏,在"图片工具"栏的"格式"选项卡的"调整"组中,点击"更正"按钮,可以更改图片的"锐化和柔化"以及"亮度和对比度"。如图 5-37 所示。

图 5-37　　　　　　　　　　　图 5-38

2) 在"调整"组中,点击"颜色"按钮,可以更改图片的"颜色饱和度"、"色调"等内容。点击"艺术效果"按钮,可以设置图片的各种艺术效果。如图 5-38 所示。

3) 在"图片样式"组中,点击"快速样式"按钮,在此可以选择一种图片的样式。如图 5-39 所示。

(8) 设置文字的艺术效果

在 Word 2010 中用户可以为文字添加多种艺术特效,例如阴影、影像、发光等,可以对文字应用各种格式,从而使文字达到不同的艺术效果。

1) 输入文字直接设置格式。输入文字,设置文字的大小、字体等格式,再选取文字,单击在"开始"选项卡的"字体"组中,点击"文本效果"按钮" ",选择一种文字效果。如图 5-40 所示。还可以再设置轮廓线、阴影、映像、发光等艺术效果。

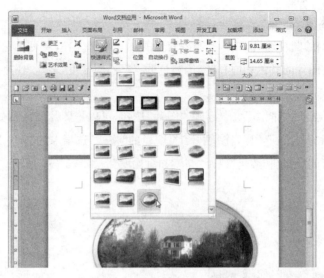

图 5-39

图 5-40

2）设置文本框格式。如果插入了文本框，选中文本框，上面自动出现"格式"选项卡，在"格式"选项卡中，可以设置更多的文字格式。在"形状样式"组中，可以设置文本框的格式，在"艺术字样式"组中，可以设置框中文字的格式。

(9) 朗读文档中的文字

在 Word 2010 中有个文字"朗读"功能，在默认的情况下没有启用，需要进行设置才能启用该功能。操作方法如下：

1）打开 Word 文档，点击"文件"进入后台视图，点击"选项"，再点击"自定义功能区"。在右下角点击"新建选项卡"，在"自定义功能区"中添加了一个"新建选项卡"的功能区，同时出现"新建组"。如图 5-41 所示。点击下面的"重命名"，可以更改选项卡的名称和组的名称。

图 5-41

图 5-42

2）在一个自定义的新建选项卡中，可以添加若干个新建组，点击下面的"重命名"按钮，更改组的名称为"朗读"。在左边的"所有命令"中，找到"朗读"功能按钮，点击"添加"即可把该功能按钮添加到右边的"朗读"组下面。如图 5-42 所示。

3）打开文档，选中需要朗读的文字，在添加的"朗读"选项卡中点击"朗读"按钮，即开始朗读文字。如图 5-43 所示。

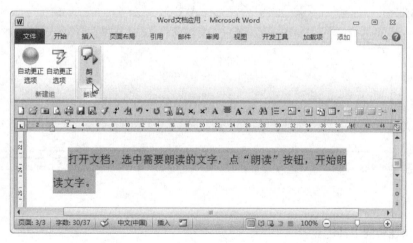

图 5-43

5.03　Excel 2010 的特点及新功能简介

(1) 认识 Excel 2010 的界面

进入 Excel 2010 的界面,可以看到几个不同的区域。

1) 区域 1 是快速访问工具栏,由于新版本较 Excel 2003 版本有较大变化,可以把常用的工具按钮放在快速访问工具栏上面便于操作。

2) 按钮 2,点击此按钮可以进入后台视图,很多操作都在后台视图中进行。

3) 区域 3 为选项卡区域,相当于 Excel 2003 版中的菜单栏。

4) 按钮 4 是功能区隐藏和开启开关,点击此按钮"△",可以让功能区打开或者隐藏。

5) 区域 5 为功能区,当点击区域 3 中不同的选项卡时会出现不同的功能区,相当于老版本的下拉菜单。

6) 区域 6 为功能区组,在每个功能区中,分为若干个组,相当于老版本的子菜单。

7) 按钮 7 是对话框启动器,很多组中的右下角都有个对话框启动按钮。点击此按钮"⌐"可以进入与该组对应的更多选项的对话框。

8) 区域 8 是文档编辑区域,在此区域编辑文档。

9) 区域 9 的左边是视图间的切换按钮,右边是文档比例显示按钮。如图 5-44 所示。

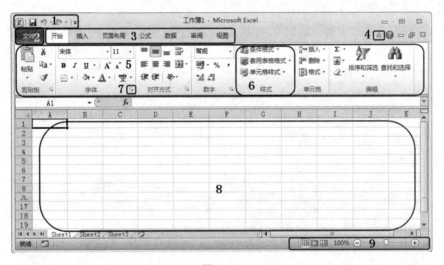

图 5-44

(2) 自定义快速访问工具栏

为了方便使用,可以把自己常用的工具按钮放在快速访问工具栏中。

1) 初始状态默认的快速访问工具栏处在界面的左上角,并且只有很少几个功能键,要让快速访问工具栏在功能区下面显示,点击快速访问工具栏右边的下拉按钮,再点击"在功能区下方显示"。参见图5-2。这样可以把快速访问工具栏调整到功能区下面。

2)在快速访问工具栏中添加工具。点击左上角的"文件"按钮进入后台视图,再点击"选项"选项卡。这样可以得到"Excel 选项"对话框。在此点击"快速访问工具栏"。

3)在"快速访问工具栏选项卡"中,可以在"常规命令"下面选择某一个命令,点击"添加",也可以在上面选中"所有命令",在这里找到你需要的其他命令,然后点击"添加",可以添加到右边的区域中,左边的命令项目是按照字母的顺序排列的。找到"常用命令"工具按钮参见图5-5。添加上的工具按钮还可以进行上下移动及删除等操作。为了以后使用方便,可以把这些设置文件导出来以备以后使用。点击右下角"导入/导出"按钮,再点击"导出所有自定义按钮",可以把该设置作为文件导出,如果以后想重新使用,再点击"导入自定义文件"将文件导入即可。

(3) 与 Excel 2003 版互用文档

1)在 Excel 2010 版中使用 Excel 2003 版编辑过的文档

① 在 Excel 2010 版中打开原来在 Excel 2003 版本中编辑的 Excel 文档时,在上面的文档名称后面出现"兼容模式"字样,这时可以直接进行编辑,编辑后保存即可。

② 把 Excel 2003 版本编辑的文档转换成 Excel 2010 版本。打开在 Excel 2003 版本中编辑的文档,点击左上角的"文件",进入后台视图,在"信息"选项卡中,点击"转换"按钮,即可把文档转换成在 Excel 2010 版本中编辑的文档。参见图5-31。

2)在 Excel 2003 版中打开 Excel 2010 版编辑的文档

① 将文件保存为"Excel 97—2003 工作簿"。想在 Excel 2003 版本中直接打开在 Excel 2010 版本中编辑的文档,可以在 2010 版本中把文件"另存为",在"保存类型"中选择"Excel 97—2003 工作簿"。这样就可以在 Excel 2003 版本中打开在 Excel 2010 中编辑的且保存为"Excel 97—2003 工作簿"的文档。

② 想在 Excel 2003 版本中打开用 Excel 2010 版本编辑的且没有保存为"Excel 97—2003 工作簿"类型的文档,需要安装 2010 版本的兼容包,兼容包可以到网上下载,安装即可。在 Excel 2003 版本中打开 Excel 2010 版本编辑的文档,只能使用 Excel 2003 中原有的功能对文档继续进行编辑。

(4) 微型图表——迷你图

"迷你图"是 Excel 2010 版本中新增加的一项功能,使用迷你图功能,可以在一个单元格内创建小型图表,来快速反应出一组数据的变化趋势。这是一种突出显示重要数据趋势的快速简便的方法。

1)选中需要建立迷你图的单元格区域,在"插入"选项卡的"迷你图"组中,点击"迷你图"按钮,选择一种迷你图样式,如折线图,如图5-45 所示。

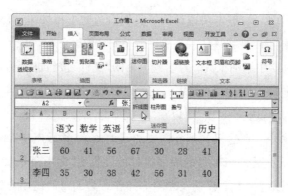

图 5-45

2) 设置迷你图格式

① 得到迷你图后,选中迷你图,点击上面出现的"迷你图"工具栏中的"设计"选项卡,在此可以设置迷你图的格式,可以更改为柱形图,显示各种标记。如图 5-46 所示。

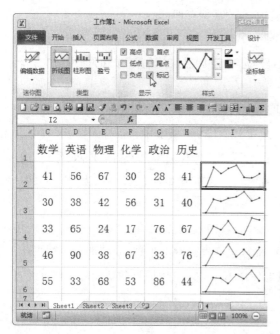

图 5-46

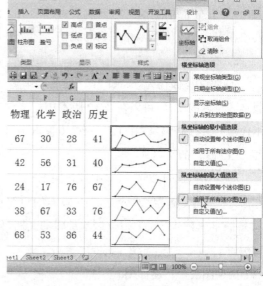

图 5-47

② 可以设置坐标轴的格式。如设置所有迷你图有相同的最大值坐标。如图 5-47 所示。要删除迷你图,先选中迷你图,在上图的"设计"选项卡的"分组"组中,点击"清除"按钮即可。

(5) 屏幕截图

Excel 2010 同样有截图功能,在"插入"选项卡的"插图"组中,点击"屏幕截图"按钮,可以看到当前屏幕上的所有软件窗口,点击相应的软件图片后即可显示到 Excel 界面中。点击"屏幕剪辑",可以在屏幕上截图。参见图5-18。

(6) 快速设置表格样式

1) 选中需要设置表格的区域,在"插入"选项卡的"表格"组中,点击"表格"按钮,出现"创建表"对话框,在此显示设置表格的区域,如图5-48所示。然后点击"确定"。

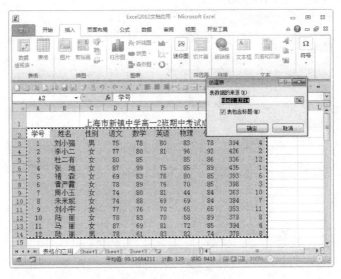

图5-48

2) 点击"确定"后,自动添加上表格格式,同时上面出现"表格工具"栏,在"设计"选项卡中,可以设置表格的格式,在"表格样式"组中,可以选取不同的表格样式。如图5-49所示。要清除表格,可以点击图中下面的"清除"选项,同时在"工具"选项卡中点击"转换为区域"即可。

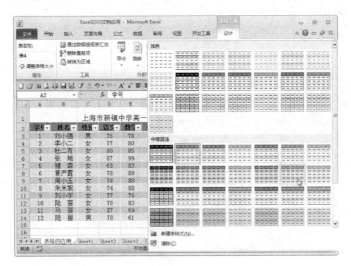

图5-49

(7) 更加丰富的条件格式

在 Excel 2010 中,增加了更多的条件格式的设置。

1) 常规使用的规则。在"开始"选项卡的"样式"组中,点击"条件格式"按钮,出现各种条件格式的设置选项。点击"突出显示单元格规则",可以设置常规的单元格中数值的"大于"、"小于"、"等于"等规则。如图 5-50 所示,点击相应项目设置即可。

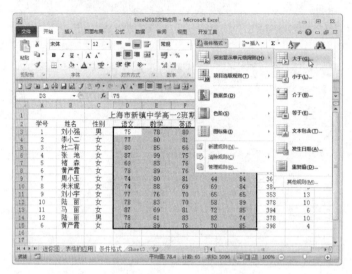

图 5-50

2) 项目选项规则。在此可以设置"最大的 10 项"、"最小的 10 项"、"高于平均值"等选项。如图 5-51 所示。当然点击后,不只是选取 10 项,可以任意设置选取的项目数。

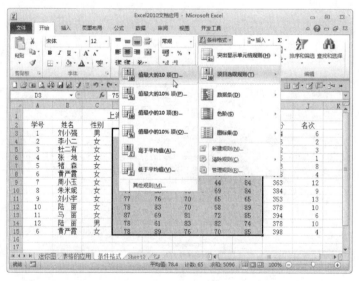

图 5-51

3）应用数据条。在数据条选项中,可以根据数值的大小用不同的条状显示不同的数据,可以形象直观的观察数据。如图 5-52 所示。

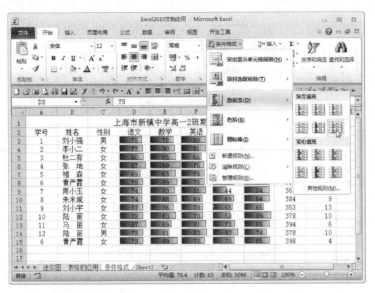

图 5-52

4）色阶的应用。色阶就是用单元格底纹的不同颜色来显示数值的大小。如图 5-53 所示。新版中的条件格式很多,可以根据需要设置不同的条件格式规则。

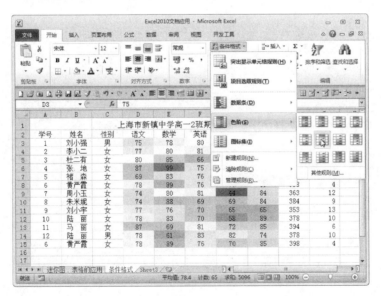

图 5-53

(8) 巧妙处理折线图表中的断裂问题

1) 在做折线图时,如果遇到空值,图表就会出现"断裂"的现象,影响数据的展现。如图5-54所示。由于刘小强英语缺考,图线上出现"断裂"的现象。解决的方法是:右击图表,点击"选择数据"项目。

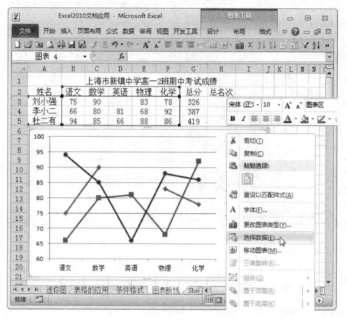

图5-54

2) 在出现的"选择数据源"对话框中,点击左下角的"隐藏的单元格和空单元格"按钮,如图5-55所示。

图5-55

3) 在出现的"隐藏和空单元格设置"对话框中,选中"用直线连接数据点",如图5-56所示。

然后"确定"即可。

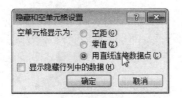

图 5-56

4）这样断裂的线条自动连接起来了。如图 5-57 所示。

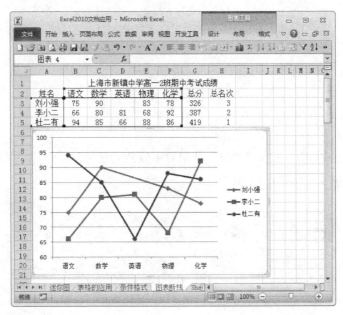

图 5-57

(9) 全新的排序筛选功能

在 Excel 2010 中，排序筛选功能更加完善强大，例如在筛选中引入了搜索功能，这让 Excel 2010 的筛选工作更进了一步。在筛选中不单可以选择一个内容来进行，而且引入了勾选的概念，可以一次勾选若干内容，对这些内容一起进行筛选。筛选功能中还加入了按颜色排序和筛选的功能。

1）选中某一个表格的列标题，在"数据"选项卡的"排序和筛选"组中，点击"筛选"按钮，每个列标题单元格中插入了启动筛选功能小三角形按钮。点击某一列标题上的筛选小按钮，可以看到上面是排序功能，包括了按颜色排序。如图 5-58 所示。当然该列单元格中填充有不同的颜色时"按颜色排序"功能才显示。也可以"自定义排序"。

图 5-58

2) 在筛选功能中,可以"按颜色筛选",使用频率较高的是"文本筛选"。在此还可以"自定义筛选"的条件。如图 5-59 所示。

图 5-59

3) 可以按关键字进行搜索。如输入"小"字,点击"确定",即可把该列中所有含有"小"字的单元格全部搜索出来。如图 5-60 所示。筛选后想恢复原状,再点击"从'姓名'中清除筛选"即可。

图 5-60

5.04 安装字体文件

在 Office 使用过程中(特别是 PowerPoint 应用过程中),自带的字体常常不能满足工作的要求,在网上可以下载很多种字体,下载后复制到字体文件夹即可。操作方法如下:

(1) 打开字体文件夹

点击电脑左下角的"开始"按钮,选中"控制面板",在"控制面板"中的查看方式中选择"大图标",如图 5-61 所示。再打开左下角的"字体"文件夹。

(2) 复制字体文件

将字体文件直接复制到该文件夹中即可。如图 5-62 所示。光盘中有作者使用的常用字体,可以直接复制到字体文件夹中使用。

图 5-61

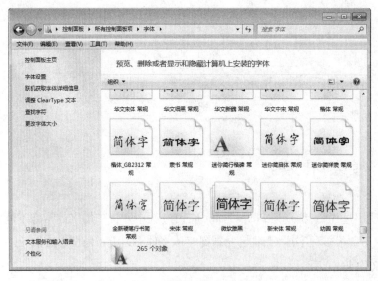

图 5-62

后 记

作为一名物理特级教师,多年来一直致力于中学物理教学的研究与实践,从未想过自己会研究多媒体信息技术。只是近年来在教育教学过程中,大胆尝试,把多媒体信息技术引入其中,在课堂教学和学生管理的过程中充分发挥了这一现代技术的作用,取得了事半功倍的效果,引起了同事和有关领导的关注,令我没想到的是初期的研究成果得到了信息技术教育专家的肯定,这才使我在专业教学之余,对多媒体信息技术的研究投入了更大的热情,将自己多年来在使用 Office 和网络软件的过程中的方法和技巧加以总结和整理,希望能够给更多的人尤其是从事教育教学的同仁带来帮助。

教育现代化要求教师在转变教育观念的同时,也要实现教育手段的现代化,要求教师具有将多媒体信息技术与课堂教学进行整合的能力。所谓多媒体信息技术与课堂教学的整合,本人认为就是将多媒体信息技术应用于常规的教育教学工作中去,多媒体信息技术包括的内容很多,那么作为普通教师,就是要能够将最常用的几个办公软件应用于教育教学工作中去,提高工作效率和课堂教学的实效。

几年来,我带着教育教学管理中遇到的问题,在班级管理和教育教学工作中深入研究了 Word、Excel 和 PowerPoint 的功能,结合教学管理工作的需要,探索出了 Word 和 Excel 在教学管理中的一些方法和应用技巧,并取得了一定的成效。出版的系列研究专著《PowerPoint 2003 在教学中的深度应用》、《Word 2003 在教学中的深度应用》、《Excel 2003 在教学中的深度应用》、《常用信息化软件在教学中的深度应用》,发行以来受到众多读者的热烈欢迎,读者群体遍布全国各地。读者对象不仅仅是中小学教师,还有大学教师及在校大学生、工程技术人员、办公室工作人员、行政干部等。在已经出版的系列专著的基础上,反思自己数十年的教育教学以及班主任工作的经验,经过一年的时间,写成了本书。

很多读者来信问:"你为什么会有那么多的奇思妙想?会有那么多创意?"其实我只是一个普通的教师,唯一与众不同的可能是我较别人更善于思考,爱动脑而已。同时我有"干一行爱一行,学一行专一行"的人生信条。在学习计算机的过程中(做任何事情都是这样),首先要有创新的意识,进而才有创新的思维,慢慢会具有创新的能力,最后才会有创新的成果。读者朋友在学习我的各种计算机应用的方法和技巧时,不应该仅仅是学习一些机械的操作技能,而应该是通过学习,掌握它的思维方法,只有学到了这种创新的思维方法,你才会有所突破、有所提高,才能将这些方法和技巧结合你的工作实际进行应用,那么你将会有无限的创造力。而单纯为了考试而去学习计算机,是不可能学好的。要深入进去,多思考,多实践,多体验。正如黎加厚教授说的:只有你深入进去,你才有机会发现美;深入是一种体验,体验则是一种过程,过程才是一种人生享受。

我的研究成果之所以能够面世,除了要感谢七宝中学以仇忠海校长为首的学校领导所给予的极大帮助和鼓励以外,还要感谢闵行区教育学院原院长徐国梁先生(现为书记)、副院长王永和先生、教育技术部主任朱林辉先生,是他们在发现了这项研究成果后,立即决定在全区教师中进行培训推广,他们是研究成果的最早发现者。由闵行区教育学院组织在七宝中学召开的教育技术应用研究汇报会上,专门向张民生主任汇报了 PowerPoint 制作课件以及 Excel 和 Word 的研究情况,张主任给予了高度评价,认为这项研究做到了精致和极致,且易学、实用,具有创新性。这些专家和领导对研究工作的肯定和认可,是我做好这项研究工作的巨大动力,在此深表感谢。

全国已经有省、地、市、学校及培训机构等不少地方,都在按本人编著的系列丛书对教师进行 Office 在教育教学中的深度应用的学习培训。目前我已经在上海市及全国各地做培训报告一百多场,直接和间接受众数十万。该研究项目已经被上海市教师教育资源专家委员会评选为优秀课程,上报为教育部在全国开展的"国培计划"培训课程资源征集、遴选的优秀课程资源。系列研究专著已经作为上海市十二五期间教师教育市级培训共享课程在全市开展培训。

另外,据我在培训过程中进行的调查,了解到目前绝大多数教师仍在使用 Office 2003 版本,但是随着软件的升级,新版本的功能较老版本增加了许多,给用户带来更多的方便,目前已经有一些人年轻用户在使用 Office 2010,近期 Office 2013 版本的推出将会更加方便用户的使用。

让我的研究成果造福于社会,造福于教育,造福于教师是我的最大心愿。对全国各地的教师培训机构和广大读者朋友对该研究成果的认可,再次深表感谢。由于本人水平有限,殷切希望广大读者朋友在使用本书的过程,多提宝贵意见,以便再版时修改。来信请寄:PPT5168@163.com。也可以登录:http://majk5168.blog.163.com(马九克教育技术应用研究工作坊),查看更多内容并下载相关文件。作者本人的新浪微博:http://weibo.com/majk5168(也可实名搜索)。

作者

2013 年 5 月 28 日